INDIEN

KÜCHEN DER WELT

INDIEN

MARCELA UND BIKASH KUMAR

Landestypische Kochrezepte
und kulinarische Impressionen
Rezeptfotos: Foodphotography Eising

Madras und der Süden
Bombay und der Westen
Calcutta und der Osten
Delhi und der Norden
Zentralindien
Afghanistan
China
Jammu & Kashmir
Himachal Pradesh
Punjab Haryana
Pakistan
Tibet
Delhi
Nepal
Sikkim
Bhutan
Arunachal Pradesh
Rajasthan
Uttar Pradesh
Assam
Nagaland
Meghalaya
Bihar
Bangladesh
Manipur
Tripura
Mizoram
Gujarat
Madhya Pradesh
West Bengalen
Calcutta
Myanmar (Birma)
Orissa
Maharashtra
Bombay
Arabisches Meer
Andhra Pradesh
Golf von Bengalen
Goa
Karnataka
Madras
N
0 100 200 300 400 500 km
Kerala
Tamil Nadu
Sri Lanka

INHALT

INDIEN: ERLEBEN & GENIESSEN

Indien, der märchenhafte Subkontinent mit einer der ältesten Kulturen der Welt, hat schon immer Menschen vieler Länder fasziniert. Nicht immer kamen sie mit guten Absichten – manche Einwanderer brachten den Einwohnern Krieg, andere

Völker verdrängten sie, aber einige verschmolzen auch friedlich mit der ansässigen Bevölkerung. So wurde Indien im Laufe der Jahrhunderte zu einem Mosaik vieler Nationalitäten, die ihre kulturellen, religiösen und natürlich auch kulinarischen Eigenheiten mitbrachten und vielerorts bis heute bewahrten. Um 1400 v. Chr. kamen erstmals hellhäutige Nomadenvölker nach Indien, die sich mit der dunkelhäutigen Urbevölkerung mischten. Aus der Verbindung dieser beiden Kulturen entstand der Hinduismus, der bis heute die Hauptreligion Indiens ist. Im 15. und 16. Jahrhundert n. Chr. wurde Goa an der Westküste von Portugiesen bevölkert. Sie brachten die Chilischote nach Indien, die sich schnell verbreitete und schon bald aus der indischen Küche nicht mehr wegzudenken war. Die Mogulen, Mongolen türkischer Herkunft, eroberten im 16. Jahrhundert Nordindien und dehnten ihren Herrschaftsbereich über weite Teile des Landes aus. Sie förderten Kunst und Kultur und trugen viel zur Verfeinerung der Küche in Indien bei. Ihre Kochkunst verschmolz mit der Küche der Einheimischen zur raffinierten Mogulen-Küche. Diese ist berühmt für köstliche Reis- und Fleischgerichte, die mit Joghurt, Nüssen, Mandeln, Pistazien und Safran zubereitet werden. Auch das Anrichten und Dekorieren von Speisen – teilweise mit hauchdünnen Silber- und Goldblättchen – entwickelte sich vor allem am Hof der Mogulen zu einer wahren Kunst. Noch heute ist die Mogulen-Küche im Norden des Subkontinents die raffinierteste Regionalküche Indiens. Beliebt ist sie – sogar im Ausland – vor allem wegen der zahlreichen köstlichen Lammgerichte. Dort kennt man auch viele Brot- und Fladensorten, die zu fast allen Gerichten gereicht werden. Berüchtigt für besonders scharfe Gerichte ist der Süden des Landes. Hier gibt es zu den meisten Speisen Reis als Beilage.

Trotz der unterschiedlichen Koch- und Eßtraditionen in diesem riesigen Land kann man von einer indischen Küche sprechen. Allen Küchentraditionen gemeinsam ist der verschwenderische Einsatz von Gewürzen und Kräutern und das Wissen, wie sie verwendet werden. Denn jedes Gewürz und jedes Küchenkraut hat bestimmte Aufgaben, Eigenschaften und Wirkungen. So wird in Indien nie lediglich nach geschmacklichen Kriterien gewürzt. Immer wird auch die appetitanregende, die verdauungsfördernde, magenberuhigende, antiseptische oder den Atem erfrischende Wirkung bedacht. Es gibt auch sogenannte warme und kühle Gewürze, die wohlige Wärme oder erfrischende Kühle im Körper erzeugen.

Eine weitere Gemeinsamkeit aller Regionalküchen Indiens ist die Beachtung der sechs Geschmackscharaktere (rasas), die bei jeder Mahlzeit vertreten sein sollten: So gilt es, sauer, süß, scharf, bitter, herb und salzig zu einer harmonischen, wohlschmeckenden Mahlzeit zu verbinden. Das mag ein bißchen kompliziert klingen, ist es aber nicht. In Indien werden nämlich alle Speisen gleichzeitig auf einer Thali, einem großen Tablett, serviert. Brot und Reis werden direkt auf die Thali gelegt, und die verschiedenen Gerichte werden in Schüsselchen ebenfalls auf die Thali gestellt. Ein paar Grundregeln müssen Sie beachten (Genaueres finden Sie im Kapitel Typische Speisenkombinationen), ansonsten können Sie Ihrer Phantasie und Kreativität beim Kochen indischer Gerichte freien Lauf lassen. Dieses Buch möchte Ihnen die echte, unverfälschte Küche Indiens nahebringen und Ihnen zeigen, daß es keinesfalls schwierig ist, die köstlichsten indischen Gerichte auf den Tisch zu bringen.

LAND & LEUTE LADEN EIN ...

Namaste... – ein zauberhafter Willkommensgruß, begleitet von einer leichten Verbeugung und gefalteten Händen – diese aufrichtige Gastfreundschaft und Höflichkeit der Inder bleibt jedem Besucher unvergeßlich. Indien ist ein vielfältiges Land voller Gegensätze. Es ist das siebtgrößte Land der Welt, mit über 8000 m hohen, schneebedeckten Bergen, mit Wüste, dichtem Dschungel und endlosen Küsten mit weißen Sandstränden. Es gibt moderne Städte mit Wolkenkratzern und bescheidene Dörfchen in unwirtlichen Gegenden. Märchenhafte Prachtbauten wie das berühmte Taj Mahal kontrastieren mit Slums in den Großstädten; teilweise wird noch einfachste Landwirtschaft mit handgezogenen Pflügen betrieben, auf der anderen Seite floriert die größte Filmproduktion der Welt.

Kein Reisender kann sich der Faszination dieses Landes entziehen. Auf über 3 Mio. km^2 leben fast 850 Mio. Menschen unterschiedlichster Völker, Rassen, Sprachen, Hautfarben und Religionen. Ungefähr 80 % der Bevölkerung sind Hindus, 10 % Moslems, dann folgen Christen, Sikhs, Jains, Buddhisten und Parsen. Indien wird von 7 Staaten begrenzt. Im Nordwesten von Pakistan, im Norden von Afghanistan und China, im Nordosten von Nepal und Bhutan, im Osten von Bangladesh und Birma (Union Myanmar). Im Südwesten bildet das Arabische Meer eine natürliche Grenze und im Südosten der Golf von Bengalen. Das Land läßt sich in drei Großlandschaften einteilen: das Himalaya-Gebirge im Norden, das Tiefland der Flußsysteme Indus, Ganges und Brahmaputra, und nach Süden hin die große Landmasse des Dekkanplateaus. Im Norden herrscht kühles Klima, ideal für die Schafzucht, die hier in großem Umfang betrieben wird. Am Südhang des Himalaya wird das Klima milder, dort wächst der berühmte Basmatireis. Weiter südlich, auf der Höhe von Delhi, herrscht kontinentales Klima mit extremen Temperaturschwankungen. Hier wachsen viele Gemüsesorten und Getreidearten wie Weizen und Hirse. Der Osten Indiens hat feuchtheißes Klima und verdankt seine Fruchtbarkeit dem Ganges. Am Golf von Bengalen spielt Fisch eine große Rolle in der Küche. Das Assamgebirge im Nordosten mit seinen heißen Tagen und kalten Nächten ist die Heimat des berühmten Assam-Tees. In den südlichen Regionen überwiegt tropisches Klima. Von Mai bis Juli sorgt hier der Monsun für feuchtwarmes Wetter. Auch im Westen herrscht tropisches Klima. Die Küste bietet eine riesige Auswahl an Fischen und Meeresfrüchten und ein reiches Angebot an exotischen Früchten.

In welcher Gegend der Gast dieses vielseitigen Landes auch ist – er hat die Qual der Wahl, mit welcher Köstlichkeit er sich verwöhnen lassen soll.

Hübsche Muster zieren die einfachen Lehmhäuser in vielen Dörfern Nordindiens.

Delhi und der Norden

Als ein Mogulenherrscher im 16. Jahrhundert das Tal von Kashmir erblickte, soll er gesagt haben: »Wenn es ein Paradies auf Erden gibt, so ist es hier...« Kashmir, im äußersten Norden Indiens gelegen, ist eine faszinierende Region mit einer einzigartigen Landschaft; hier steht der Besucher vor über 8000 m hohen Bergen, die das ganze Jahr von Schnee bedeckt sind. Dazwischen erstrecken sich grüne Täler, rauschende Gebirgsbäche stürzen in die Tiefe, und üppige Blumenwiesen laden zum Verweilen ein. Srinagar, die Hauptstadt von Kashmir, war im 16. Jahrhundert ein Zentrum der muslimischen Mogulenherrscher. Die hübsche mittelalterliche Stadt ist von hohen Bergen und glitzernden Seen umgeben. Hier befinden sich einige der schönsten Gärten der Mogulen. Auch heute noch leben in Kashmir überwiegend Moslems. Typische Zutaten ihrer Küche sind Naturjoghurt, Senföl und Anissamen. Die Speisen gehören zu den schärfsten in ganz Indien, haben aber dennoch einen köstlichen Geschmack. Berühmte Gerichte wie Rogan Josh, Roter Lammfleischtopf, oder Biriyani kommen aus dieser Gegend. Südlich von Kashmir liegt Himachal Pradesh, eine Region mit blühenden Wiesen, Tannenwäldern und malerischen Bergorten. Hier liegt das Kulu-Tal, das Tal der Götter. Es ist das am besten zugängliche Tal des Himalaya mit einer wunderschönen, unberührten Berglandschaft.
Südwestlich von Himachal Pradesh liegen die Bundesstaaten Punjab und Haryana. Sie bilden das Fünf-Flüsse-Land, ein sehr fruchtbares Gebiet, das auch die Kornkammer Indiens genannt wird. Im Frühling blühen hier die Senffelder und bedecken das ganze Land mit einem gelben Schleier. Die meisten Bewohner sind Bauern, die Weizen und Gerste, Reis, Mais und Hirse anbauen. Einen interessanten Kontrast zum Landleben bietet die beiden Staaten gemeinsame Hauptstadt Chandigarh, die dem Besucher unvermutet einen Eindruck des modernen Indien vermittelt. Die von dem Franzosen Le Corbusier geplante Stadt ist geometrisch angelegt, mit vielen Gebäuden aus Glas und Beton. Hier befindet sich der Zakir-Hussain-Garten, einer der schönsten Rosengärten in Asien, der vor allem im Winter einen Besuch lohnt.

Im Süden von Haryana liegt Delhi, mit 8,3 Mio. Einwohnern die drittgrößte Stadt Indiens. Der Südteil der Stadt, Neu-Delhi, wurde 1911 von den Engländern als Gartenstadt angelegt, als sie ihren Verwaltungssitz von Calcutta hierher verlegten. Neu-Delhi ist seit der Unabhängigkeit 1947 die Hauptstadt der Republik Indien und der Sitz der demokratischen Regierung. In der turbulenteren Altstadt schieben sich Menschen aller Völker und Hautfarben durch die Gassen; Gerüche von Gewürzen vermischen sich mit den Düften orientalischer Parfüms und frischer Blumen. Straßenverkäufer bieten den ganzen Tag Leckerbissen an; viele Geschäfte verkaufen salzige und süße Köstlichkeiten, die einem das Wasser im Munde zusammenlaufen lassen. Kein Besucher sollte versäumen, die legendäre Chandi-Chauk entlangzugehen. Die Silberstraße, wie es heißt, einst die reichste Straße der Welt, wird auch heute noch von Gold- und Silberschmieden gesäumt. Ganz in der Nähe befindet sich das Rote Fort, eine Festungs- und Palastanlage aus dem 17. Jahrhundert. Sie beherbergt Pavillons, Gartenanlagen, Moscheen, Bäder und Wohnanlagen der Mogulenherrscher.

Die Küche dieser nördlichen Regionen, die auch als Mogulen-Küche bezeichnet wird, ist die berühmteste Küche des Landes. Hier werden viele Gerichte im Tandoor, dem Lehmofen, zubereitet. Selbstgebackenes Brot wird zu allen Speisen gereicht, und an Festtagen gibt es Basmatireis, der an den Südhängen des Himalaya wächst. Auf dem alltäglichen Speiseplan stehen getrocknete Bohnen und zahlreiche Linsenarten, die vor allem für Vegetarier wichtige Eiweißlieferanten sind. Holi, das indische Frühlingsfest im Februar/März, wird im Norden besonders ausgelassen gefeiert. Die Menschen bespritzen sich mit gefärbtem Wasser, am liebsten mit der glücksbringenden Farbe Rot. In manchen Städten »regnet« es auch farbiges Pulver, bis alle Menschen den gleichen Farbton haben – Ausdruck der Verschmelzung der einzelnen Seele mit der Gesamtheit.

In der Pilgerstadt Hardwar waschen sich gläubige Hindus am Ufer des Ganges zu Füßen des Daksheswara-Tempels.

Fahrradrikschas, Dreiradtaxis und Ochsenkarren im quirligen Old Delhi.

Jeden Morgen steigen die Pilger in Benares die Stufen zum heiligen Fluß Ganges herab, um sich von den begangenen Sünden zu reinigen.

Zentralindien

Südlich der Stadt Delhi schließen sich die drei Bundesstaaten Rajasthan, Uttar Pradesh und Madhya Pradesh an. Rajastan besteht zu großen Teilen aus Wüste. Um so farbenprächtiger sind hier die Veranstaltungen und Feste – vielleicht ein kleiner Ausgleich für die Monotonie der Umgebung. Während der Regenzeit im Juni/Juli wird hier Teej gefeiert, ein Fest der Frauen, die prächtige, bunte Gewänder und herrlichen Schmuck tragen. Farbenfrohe Prozessionen werden zu Ehren der Göttin Parvati, der Gemahlin des Shiva, veranstaltet.
Die Hauptstadt Rajastans, Jaipur, leuchtet wunderschön im Abendlicht, da viele Häuser und öffentliche Gebäude aus hellrotem Sandstein gebaut sind; die Stadt wird deshalb auch Pink City genannt. Hier sollten Sie sich den Hawa Mahal, den Palast der Winde, ansehen. Dieses Wahrzeichen der Stadt ist eine fünfstöckige, wunderschöne Fassade mit 953 Fenstern, durch die die Damen des Hofes das Geschehen auf der Straße beobachten konnten, ohne selbst gesehen zu werden. Die besten Restaurants finden Sie in den Städten Jaipur und in Udaipur. Östlich der Region Rajasthan liegt der Bundesstaat Uttar Pradesh. Die Stadt Agra im Westen des Landes ist eine der am meisten besuchten Städte in Indien: Hier steht das weltberühmte Taj Mahal, das Monument einer großen Liebe. Der Herrscher Sha Jahan ließ dieses Mausoleum im 17. Jahrhundert für seine Lieblingsfrau errichten. Es sollte alles bisher Dagewesene an Schönheit übertreffen. 20 000 Arbeiter brauchten 22 Jahre, um diesen Prachtbau zu vollenden. Lohnenswert ist auch ein Spaziergang durch die Gäßchen der Altstadt. Hier können Sie Gold- und Silberschmuck kaufen sowie Einlegearbeiten aus Marmor im Stil der Mogulenzeit. Bekannt ist die Stadt Agra

auch für Petha, eine Süßigkeit aus Kürbis sowie Dalmoth, gebratene Kichererbsen. Außerdem sollten Sie hier köstliche nichtvegetarische Spezialitäten aus der Mogulen-Küche probieren. Die Stadt Lucknow, ein Zentrum muslimischer Kultur, hat den Ruf, die weltweit besten indischen Restaurants zu haben. Das mag ein bißchen übertrieben sein, dennoch sollten Sie hier die berühmten Gerichte der Gegend wie Korma, Lammfleisch in Mandelsauce, oder verschiedene Fleischspießchen versuchen. Die Stadt Benares (der indische Name lautet Varanasi), im Osten von Uttar Pradesh gelegen, ist einer der heiligsten Orte der Hindus in Indien. Das Ziel der Pilgerströme an diesem Ort ist der Ganges, dessen Fluten – so der Glaube – die Menschen von den Sünden eines ganzen Lebens reinwaschen können. Hier beginnt der Tag lange vor Sonnenaufgang. Tausende von Pilgern steigen die Stufen am Westufer des Flusses hinunter, baden und beten. Anschließend machen sie einen Besuch in einem der Tempel, um dort Blumen und Süßigkeiten zu opfern. Dann ziehen sie weiter zum Frühstück in die »Straße der Fritierten Brote«. Für wenig Geld werden hier Puri, fritiertes Vollkornbrot, oder Kotschuri, gefülltes fritiertes Fladenbrot, angeboten. In den verwinkelten Gassen der Altstadt von Benares bieten die Brokat- und Seidenhändler ihre farbenprächtige Ware an. Ein Spaziergang durch die Gäßchen lohnt sich in jedem Fall.
Nur 10 km von Benares entfernt liegt Sarnath, ein heiliger Ort der Buddhisten, an dem Buddha vor 2500 Jahren zum erstenmal nach seiner Erleuchtung predigte.

Ob Getreide, Gemüse oder gewaschene Wäsche – die Frauen in Rajasthan transportieren alles »per Kopf«.

Madhya Pradesh ist der größte Bundesstaat Indiens. Das Land besteht zu großen Teilen aus bewaldeten Hochebenen und Gebirge. Im Dschungel in den Mahadeo-Hills leben in Tierschutzgebieten Tiger, Panther und indische Büffel. In diesem Dschungel spielt übrigens das weltberühmte »Dschungelbuch« von Rudyard Kipling. Die Menschen sind sehr freundlich, und oft wird ein Reisender unerwartet ins Gespräch gezogen. Wenn es Ihnen passiert, daß Sie zu einem Essen eingeladen werden, schlagen Sie die Einladung keinesfalls aus, und lassen Sie sich Köstlichkeiten wie Sabzi Chop, Gemüsekoteletts, und Mooli, gerösteten Rettich, schmecken.

Die Bettelmönche in Benares leben von dem, was die Pilger ihnen schenken.

Zahlreiche Silberläden bieten ihre wertvolle Ware an.

Bombay und der Westen

Gujarat ist ein Halbinselstaat und die westlichste Region in Indien. Zahlreiche Völker kamen über das Meer hierher und brachten ihre Sprache, Religion, Kultur und Denkweise mit. In keiner anderen Gegend Indiens setzt sich die Bevölkerung aus so vielen verschiedenen Gruppen zusammen. Durch seine Lage am Meer hatte Gujarat auch immer regen Austausch und Handelsbeziehungen mit anderen Völkern. Dadurch ist die Mentalität der Bewohner einerseits geprägt von Traditionsbewußtsein und andererseits von einer für Indien außergewöhnlichen Weltoffenheit. Gujarat ist ein fruchtbares Land, in dem Weizen, Erdnüsse, Bananen und Baumwolle angebaut werden – die Textilindustrie ist einer der wichtigsten Arbeitgeber dieser Region. Seide und Brokatstoffe sollen schon früh die römischen und griechischen Händler angelockt haben. Die ehemalige Hauptstadt Ahmedabad ist die Textil- und Handelsmetropole von Westindien. Das Meer verwöhnt Gujarat mit einer unglaublichen Fülle an Fischen und Meeresfrüchten. Es gibt hier allerdings viele Volksgruppen, die reine Vegetarier sind, z. B. die Gujratis, die am Arabischen Meer leben. Sie sind strenggläubige Hindus, die überwiegend in Handel und Gewerbe tätig sind. Sie essen in erster Linie Reis, Vollkornbrot, jede Menge an eiweißhaltigen, getrockneten Bohnen und Hülsenfrüchten sowie verschiedene Gemüsesorten, die oft mit Kokosnuß zubereitet werden, z. B. Okra mit Kokosmilch. Die Küche ist im Vergleich zu anderen Regionen eher mild, sehr scharfe und aromatische Gewürze werden selten verwendet.

Südlich von Gujarat liegt Maharashtra. Besonders sehenswert sind hier die Felsentempel von Ajanta und Ellora. Diese Tempel sind Kultstätten von Hindus, Buddhisten und Jains mit wunderschönen, gut erhaltenen Skulpturen und Fresken. Die Hauptstadt von Maharashtra ist Bombay, mit 12,5 Mio. Einwohnern die größte Stadt in Indien und das bedeutendste Wirtschafts- und Handelszentrum. Wie in den anderen Großstädten Indiens ist auch in Bombay der Gegensatz zwischen Arm und Reich sehr kraß. So dehnen sich neben Palästen und Wolkenkratzern auch Slums aus,

Kostbare Seidenstoffe werden in diesem Geschäft an wohlhabende Inder und Touristen verkauft.

in denen große Armut und Elend herrschen. Bombay ist ein Schmelztiegel vieler Völker und Religionen. Einwanderer jeglicher Hautfarbe, Kultur und Glaubensrichtung haben sich hier niedergelassen. Hindus, Christen, Juden, Buddhisten und kleinere Religionsgemeinschaften wie Parsen und Jains leben in dieser Metropole und üben alle ihren kulturellen und kulinarischen Einfluß aus. Eine kulinarische Spezialität gibt es ausschließlich in Bombay: Bhel Pooris, knusprige, würzige Fladen aus Getreide, Linsen, Gemüse, Zwiebeln und Kräutern, denen keiner widerstehen kann und die bei Sonnenuntergang am Chowpatty Beach angeboten werden, wenn viele Einwohner Bombays am Meer spazierengehen.
Im August/September wird in Indien ein Fest zu Ehren des elefantenköpfigen Gottes Ganesh gefeiert. Besonders aufwendig sind die Feierlichkeiten in Maharasthra und Bombay, wo sich jedes Jahr Millionen von Menschen mit zahllosen Ganesh-Statuen an den Stränden treffen. Zehn Tage lang werden Opfer gebracht, dann versenken die Gläubigen die Statuen im Meer. Südlich von Bombay, an der Grenze zu Karnataka, liegt die ehemalige portugiesische Provinz Goa. Hübsche Städte mit weißgetünchten Kirchen, sonnigen Plazas mit üppiger Bougainvillea und kilometerlange Sandstrände locken Besucher aus aller Welt an.
Hier haben sich christliche und hinduistische Kultur verschmolzen, portugiesische und indische Küche haben sich gegenseitig ergänzt und verfeinert. Nur wenige europäische Gerichte existieren heute noch in ihrer ursprünglichen Form, da den Indern schwach gewürzte Speisen einfach nicht schmecken. Goa ist die Heimat des berühmten, feurigscharfen Vindaloocurrys, das – je nach Religionszugehörigkeit – mit verschiedenen Fleischsorten zubereitet wird.

Wichtige Termine im Laufe eines Lebens rechnet in Indien immer der Astrologe aus: Er bestimmt den Tag der Hochzeit, der Taufe, wichtiger Vertragsabschlüsse und andere bedeutende Daten.

In vielen Dörfern an der Ostküste von Orissa wird Fisch getrocknet.

Calcutta und der Osten

Der Bundesstaat Bihar, im Osten der Ganges-Ebene, wird auch das Land Buddhas genannt. Im kleinen Ort Bodhgaya erlangte Gautama, Prinz von Kapilavastu, vor über 2500 Jahren unter einem Baum nach langer Meditation die Erleuchtung. Von da an hieß er Buddha, was nichts anderes bedeutet als »der Erleuchtete«. In Vaishali, im Norden von Bihar, hielt er seine letzte Rede, und Jahr für Jahr kommen Tausende von buddhistischen Pilgern an diese beiden heiligen Stätten. Auch viele Hindus pilgern an diese Orte, da sie in Buddha eine Verkörperung von Vishnu sehen. Bihar ist ein sehr fruchtbares Land. Patna, die Hauptstadt, gilt als eine der ältesten Städte der Welt, in der sich die Flüsse Sone, Punpun und Ganges vereinigen. Östlich von Bihar liegt der Bundesstaat West-Bengalen, der sich vom Himalaya bis zum Golf von Bengalen erstreckt. Vor der Teilung des Subkontinents gehörte auch das heutige Bangladesh zur Provinz Bengalen. West-Bengalen ist berühmt für seine Fischgerichte. Es gibt sehr viele Süß- und Salzwasserfische sowie jede Menge Meeresfrüchte, und ihre Zubereitung hat eine sehr lange Tradition. Berühmt sind verschiedene Fischgerichte in Senfsauce. Calcutta ist mit 11 Mio. Einwohnern die zweitgrößte Stadt in Indien. Sie wurde im 17. Jahrhundert von den Engländern als britischer Handelsposten gegründet. Die Siedlung breitete sich aus und wurde um 1700 befestigt. Innerhalb des Forts wurde die East-India-Company untergebracht, die von hier aus nach und nach große Teile Indiens wirtschaftlich beherrschte. Calcutta ist eine lebhafte, pulsierende Stadt und einer der wichtigsten Handelshäfen Asiens. Hier liegt der Sitz der größten Jute-Fabriken der Welt, und auch chemische Industrie, Auto- und Papierfabriken sowie die Teebörse befinden sich hier.

Die Stadt zeigt sich faszinierend und erschreckend zugleich, denn zahllose Eindrücke bestürmen den Besucher auf einmal: Gutgekleidete Geschäftsleute eilen an zerlumpten Bettlern vorbei durch die Straßen, das Geschrei der Straßenverkäufer, die alles Erdenkliche anbieten, vermischt sich mit dem Lärm der Autos und Busse, zwischen denen sich die Rikschafahrer geschickt einen Weg suchen. Hier liegen unermeßlicher Reichtum und unvorstellbares Elend dicht beieinander. Aber man darf nicht vergessen, daß Calcutta auch ein kulturelles und geistiges Zentrum ist, in das es viele Künstler des Landes zieht. Calcutta ist außerdem die Heimat ausgezeichneten Konfekts, das in weiten Teilen Asiens bekannt ist: Rosogolla, Käsebällchen, und Gulab Jamun, Milchpulverbällchen, sind köstliche, in Sirup schwimmende Süßigkeiten.

Im Süden liegt der Bundesstaat Orissa, ein sehr vielseitiges Land. Neben modernen Großstädten gibt es hier einfache Lehmdörfer, die inmitten von grünen Reisfeldern liegen, umgeben von Plantagen mit Kokospalmen und Cashewnußbäumen. Die Hauptstadt Bhubaneshwar ist zugleich die Tempelstadt Indiens, in der es früher 7000, meist hinduistische, Tempel gegeben hat, von denen heute noch etwa 500 existieren. Orissa hat eine lange Küste am Bengalischen Meer und ist daher auch reich gesegnet mit Fisch und Meeresfrüchten. Die Stadt Puri an der Küste ist eine der heiligsten Stätten der Hindus, aber auch ein schöner Badeort mit herrlichen Stränden.

Im Osten werden viele Feste mit religiösem Ursprung gefeiert. Das prachtvolle Rath-Yatra-Fest findet im Juni/Juli in Puri statt. Zehntausende von Pilgern huldigen dem hinduistischen Gott Vishnu. Statuen der Gottheit werden auf prunkvollen Tempelwagen durch die Stadt gezogen.

Acht kleine Provinzen im Osten von Indien (zusammengeschlossen in den Union Territories) blieben weitgehend ausgeschlossen vom Fortschritt und vom Fremdenverkehr, denn Touristen dürfen teilweise gar nicht oder nur mit Sondergenehmigung einreisen. Die Region Assam ist berühmt wegen des hervorragenden Tees. In Nagaland und Mizoram leben verschiedene Bergvölker, Sikkim ist ein Buddhistenstaat mit zahlreichen Klöstern. Meghalaya, Arunachal Pradesh, Manipur und Tripura sind landschaftlich reizvolle, bergige, kaum erschlossene Gegenden, die von ethnisch vollkommen unterschiedlichen Gruppen bewohnt werden, die zum Teil sogar ihre eigenen Naturreligionen haben.

Im Golf von Bengalen liegt die Inselgruppe der Andamanen und Nikobaren, die auch nur zum Teil für Besucher zugänglich sind.

Die Auswahl an diesem Stand in Puri ist nicht groß, dafür sind die Früchte frisch und von köstlichem Aroma.

Der Straßenhändler verkauft die Kerne der riesigen Jackfrucht als kleine Zwischenmahlzeit.

Madras und der Süden

Der Süden Indiens liegt in der Nähe des Äquators und gehört zum tropischen Gürtel. Der Monsunregen fällt zweimal im Jahr und macht den Süden, der fünf Bundesstaaten umfaßt, zu einer äußerst fruchtbaren Gegend. Andhra Pradesh mit der berühmten Hauptstadt Hyderabad ist die nördlichste Region. Die Stadt liegt auf einer Hochebene, direkt an den Flüssen Krishna und Godavari. So entwickelte sich Hyderabad schon früh zu einem wichtigen Umschlagplatz für handwerkliche und landwirtschaftliche Produkte, vor allem für Getreide. Hyderabad ist außerdem die einzige muslimische Hochburg in diesem Gebiet. Die Küche der Stadt hat mongolische Einflüsse aufgenommen, denn einst dehnte sich das gewaltige Reich der Mogulen bis hierher aus. Die Speisen sind recht üppig und sehr aromatisch gewürzt. Westlich von Andhra Pradesh liegt Karnataka. Das Land gliedert sich in einen schmalen, fruchtbaren Küstenstreifen, das Zentrale Bergland und das Dekkan-Hochland im Osten. Das zentrale Bergland gehört zu den regenreichsten Gebieten Indiens. Hier wachsen Bambus und Kardamom, und die tropischen Regenwälder sind die Heimat der indischen Elefanten.

Südlich von Karnataka breitet sich der Bundesstaat Kerala aus, ein Land von ganz besonderer Schönheit und üppiger Vegetation. In dem fruchtbaren, regenreichen Land leben Hindus, Moslems, Christen und Juden friedlich miteinander. Hier wird Reis in großen Mengen angebaut, der sogar dreimal im Jahr geerntet werden kann. Schon im Altertum lockte die Vielzahl exotischer Gewürzpflanzen Händler aus aller Welt nach Kerala. Damals wie heute kauften sie schwarzen Pfeffer, Zimtrinde, Kardamom, Muskatnüsse, Muskatblüten und andere Gewürze, die von dort aus in die ganze Welt gelangten. Zwei Bäume allerdings sind besonders typisch für Kerala, und ihre Produkte geben der Küche dieser Region das besondere Aroma: der Curryblattbaum mit seinen süßlich-aromatischen Blättern und die Kokospalme. Entlang der Küste werden Fisch und Meeresfrüchte angeboten, oft in Kokosnußsauce; es gibt viele Gerichte mit Gemüse und Reis, denn ein großer Teil der Bevölkerung ißt vegetarisch.

Im Inland liegen die Blauen Berge. Entlang der Nilgiri-Bergkette erstrecken sich ihre sanften Hänge, bedeckt von grünen Teesträuchern. Aus dieser Gegend kommt auch der Kaffee, der in Südindien viel getrunken wird.

Östlich von Kerala dehnt sich der Bundesstaat Tamil Nadu aus. Die Tamilen haben im Laufe der Jahrhunderte eine differenzierte Hochkultur entwickelt und sind Meister in bildenden und darstellenden Künsten. Fremden gegenüber geben sie sich sehr gastfreundlich und aufgeschlossen. Die

Kein seltener Anblick in Kerala: Weißgetünchte christliche Kirchen stehen inmitten von Palmenhainen.

Religion spielt (wie auch im übrigen Indien) in ihrem Leben eine sehr große Rolle, und hinduistische Bräuche, z. B. Hochzeiten und Totenzeremonien, werden hier mit besonders großem Pomp gefeiert. Kulinarische Glanzlichter dieser Gegend sind Dosas, köstlich gefüllte Pfannkuchen, und Idli, gedämpfter würziger Kuchen aus Reis-Linsenmehl. Viele Gerichte werden hier mit Senfsamen gewürzt.
Madras, die Hauptstadt von Tamil Nadu, liegt an der Ostküste im Norden von Tamil Nadu. Sie ist die viertgrößte Stadt Indiens und ein idealer Ausgangspunkt für eine Reise durch den Süden. Im Gegensatz zu anderen indischen Großstädten ist Madras eine eher ruhige Stadt, die nicht so von Armut und der Überbevölkerung geprägt ist. Madras war einer der ersten Stützpunkte der Briten in Indien, und viele britische Gebäude aus dem 17. Jahrhundert prägen noch heute so manches Straßenbild. Die Altstadt, George Town, ist das lebhafte Geschäftsviertel der Stadt mit schönen Basarstraßen. Südwestlich davon liegt der Kothawal Chavadi, der größte Obst- und Gemüsemarkt, den Sie in den frühen Morgenstunden besuchen sollten.
160 km südlich von Madras liegt Pondicherry, die ehemalige Hauptstadt der französischen Besitzungen in Indien. Seit 1954 wieder in indischer Hand, unterstand die Stadt 250 Jahre den Franzosen; auch heute erinnert sie noch an eine französische Kleinstadt.
Die Bewohner von Südindien gelten als wahre Meister im Festefeiern, denn fast fünf Monate im Jahr wird hier täglich irgendwo gefeiert, Theater gespielt, getanzt und gesungen. Besonders sehenswert sind die Tänze, die in kunstvollen Bewegungen Geschichten von Göttern, Helden, Dämonen und Fabelwesen erzählen. Der Rhythmus der Musik, die Farben der Kostüme und die Eleganz der Tänzer und Tänzerinnen bezaubern jeden Zuschauer.

Farbenfrohe Darstellungen verschiederer Hindugötter und -göttinnen schmücken den Minakshi-Tempel in Madurai.

Frisches Obst, Gemüse und Kräuter bereichern den indischen Speiseplan um wichtige Nährstoffe und Vitamine.

Die gesunde indische Küche

Auf der ganzen Welt wird gegessen, um den Körper zu stärken und den Menschen gesund und leistungsfähig zu erhalten. In Indien wird der Ernährung aber ein noch höherer Stellenwert eingeräumt. Die Inder haben Achtung vor allen Nahrungsmitteln, da sie, dem Glauben nach, von den Göttern kommen. Die gläubigen Hindus opfern auch heute noch in den zahlreichen Tempeln des Landes ihren Göttern Lebensmittel, z. B. Reis, Gewürze, Milch und Süßigkeiten. Die heiligen Lampen dort werden mit Ghee gefüllt, der geklärten Butter, die auch zum Kochen verwendet wird.

Diese Wertschätzung alles Eßbaren basiert aber nicht nur auf religiösen Vorstellungen, sondern kommt auch aus dem über 3000 Jahre alten Wissen um die heilkräftige Wirkungsweise von Nahrungsmitteln, Kräutern und Gewürzen.

So wird in Indien nicht nur gegessen, um zu überleben, sondern auch, um dem Menschen zu körperlicher und vor allem auch geistiger Ausgewogenheit zu verhelfen. Diese Harmonie, die den Menschen zu einem ausgeglichenen und gesunden Wesen macht, wird durch eine sorgfältige Auswahl und Kombination der Zutaten beim täglichen Zubereiten der Mahlzeiten erreicht.

Indien ist die Wiege der über 2000 Jahre alten Ayurveda-Medizin. Das Wort Ayurveda setzt sich aus den Sanskritwörtern Ayus = Leben und Veda = Wissen zusammen. Dieses älteste ganzheitliche Naturheilverfahren geht davon aus, daß Gesundheit der natürliche Zustand des Körpers ist. Der Begriff Gesundheit umfaßt die Harmonie von Geist, Seele, Körper und Umgebung. Wenn der Mensch sich nicht in diesem Zustand der Gesundheit befindet, wenn die Harmonie, z. B. des Körpers, gestört ist, dann greift die Ayurveda-Medizin mit über 20 verschie-

denen Heilmethoden ein. Diese sind unter anderem verschiedene Massagetechniken, aber auch Behandlungen mit Gewürzmischungen, Tees und Aromatherapien.
Nun sind die Inder bemüht, es gar nicht zu einer Disharmonie kommen zu lassen, sondern schon beim Zubereiten der Speisen darauf zu achten, daß sie die Gesundheit fördern und wohlbekömmlich sind. Schwerverdaulichen Speisen werden die entsprechenden Gewürze beigefügt, damit sie besser vom Körper verarbeitet werden können. Bekannt ist, daß Pfeffer als Bestandteil von Gewürzmischungen vorzüglich gegen Verdauungsstörungen hilft. Auch Fenchel fördert die Verdauung und gibt zudem, nach dem Essen gekaut, einen frischen Atem. Deshalb ist Fenchelsamen immer ein Bestandteil des Pan Masala, einer Gewürzmischung, die traditionellerweise nach dem Essen gereicht wird. Als Tee getrunken, beruhigt Fenchel die Nerven und hilft gegen Schlafstörungen. Ingwer regt den Appetit an, Nelken stärken das Herz. Basilikum hat beruhigende Wirkung, Zimt hingegen ist als Gewürz anregend und belebend, in heiße Getränke gegeben hilft er gegen Erkältungen. Kurkuma wird als Paste innerlich und äußerlich bei verschiedenen Hauterkrankungen angewendet.
Auch das Wissen um die kühlen und warmen Gewürze fließt in die Zubereitung der Speisen mit ein. Ingwerpulver, Lorbeerblätter, schwarzer Kardamom und Zimt sind warme Gewürze, d. h., sie erzeugen innere Hitze. So wird im kühlen Kashmir besonders gerne Tee getrunken, der mit diesen Gewürzen aromatisiert ist. Viele Kräuter und Gewürze haben auch mehrere Eigenschaften und Aufgaben: So gibt z. B. Safran den Speisen ein besonderes Aroma, außerdem eine wunderschöne gelbe Farbe, die das Auge erfreut, und er wirkt appetitanregend und belebend.
Zur Entstehung und Entwicklung der überaus bekömmlichen und gesunden vegetarischen Küche Indiens haben zunächst einmal religiöse Vorstellungen beigetragen. Zur Religion der Hindus gehört der Glaube an die Wiedergeburt, d. h., daß Seele und Geist eines Menschen möglicherweise im Körper eines Tieres wiedergeboren werden. Darum essen viele Hindus kein Fleisch. Außerdem würde der Mensch durch das Töten von Tieren schlechtes Karma auf sich laden. Zudem sind Fleisch, Geflügel und Fisch für große Teile der Bevölkerung gar nicht erschwinglich. Durch die Hitze in manchen Landesteilen war und ist die Aufbewahrung von Fleisch oft unmöglich. So hat sich aus verschiedenen Gründen über mehrere Jahrtausende eine vegetarische Küche entwickelt, die keinen Wunsch nach Vielfalt, Abwechslung, interessanter Würze und Schärfe offenläßt.

Chilipulver, Kurkuma und Kreuzkümmel gehören zu den am meisten verwendeten Gewürzen in Indien.

Mit Hilfe dieser einfachen Mühle stellt der Bauer in Rajasthan Speiseöl her.

Typische Küchengeräte

Für die Zubereitung indischer Speisen benötigen Sie die üblichen Küchenutensilien wie Töpfe und Pfannen in unterschiedlichen Größen, Messer, Schneebesen, Schüsseln, eine Gemüsereibe, ein feines Sieb, einen Schaumlöffel, Schneidebretter und Holzbretter. Eine kleine gußeiserne Pfanne tut gute Dienste beim Rösten von Gewürzen. Geräte wie einen Schnellkochtopf oder eine Küchenmaschine können Sie verwenden, aber notwendig sind sie nicht. Wenn Sie größere Mengen Gewürze mahlen, verwenden Sie dafür am besten einen elektrischen Mixer. In einer elektrischen Kaffeemühle lassen sich Gewürze und auch Nüsse ebenfalls gut zerkleinern. Kleinere Mengen können Sie auch per Hand in einer speziellen Gewürzmühle oder einer Pfeffermühle mahlen. Die Pfeffermühle sollten Sie allerdings anschließend nicht wieder für Pfeffer verwenden, sondern am besten für Ihre indischen Gewürze reservieren, denn das intensive Aroma, z. B. von Garam Masala, läßt sich nicht wieder vollständig entfernen. Sie können kleine Mengen auch mit dem Mörser zerstoßen, allerdings brauchen Sie einen schweren Mörser, am besten aus Stein oder Gußeisen.
Wir möchten Ihnen an dieser Stelle die komplette Ausstattung einer indischen Küche vorstellen, denn wenn Sie öfter indisch kochen, werden Sie sich sicher das eine oder andere Gerät anschaffen. Die meisten Dinge können Sie inzwischen auch bei uns in Spezialläden kaufen.
Ein wichtiges Gerät, dessen Anschaffung sich in jedem Fall lohnt, ist die Karai. Es handelt sich dabei um eine Art Wok, d. h. eine gußeiserne, tiefe Pfanne mit einem gewölbten Boden. Durch die Wölbung konzentriert sich einerseits die Hitze und läßt die Zutaten rasch garen, andererseits braucht man zum Fritieren viel weniger Öl als in einer gewöhnlichen Pfanne. Allerdings kann die Karai nur auf Gasöfen oder über offenem Feuer benutzt werden. In Indien gibt es die Karai in vielen verschiedenen Größen, von etwa 10 cm Durchmesser bis zu 1 m.
Die Tawa ist eine gußeiserne Pfanne, die einen leicht gewölbten Boden hat. Sie ist ideal für die Zubereitung von Chapatis oder Parathas und wird deshalb auch unter dem Namen Chapati-Pfanne verkauft.
Belan ist ein Nudelholz, das viel kleiner und dünner ist als das bei uns übliche. Alle Brote und Fladen werden auf ein kleines Holzbrett gelegt und mit diesem zierlichen Holz sehr dünn ausgerollt.
Eine Kokosnußreibe besteht aus einem gebogenen Holzstiel, an dessen oberem Ende ein flaches Rad (manchmal auch mehrere) mit spitzen Zähnen sitzt.
Die Kokosstückchen werden mit dem beweglichen Rädchen kleingerieben.

Überall in Indien brutzeln Köstlichkeiten in den Karais der Straßenverkäufer.

Das Chalni, auch Charni genannt, ist ein Sieb um Mehl zu sieben. Chalnis gibt es aus Holz oder Metallen wie Aluminium oder Weißblech. Das Mehl, das die indischen Frauen kaufen, wird in einer kleinen Mühle am Straßenrand nur grob gemahlen, und es enthält noch viele Schalenteile. Dieses Mehl siebt die Hausfrau dann durch eines ihrer unterschiedlichen Chalnis, je nachdem, wie fein sie es braucht.
Ein traditionelles Gerät zum Gewürzemahlen besteht aus Mahlstein (Sil) und Steinrolle (Batta). Der flache Stein ist etwa 10 cm dick und 20 x 40 cm groß, und oft sind schöne Muster in die Oberfläche geritzt. Die Steinrolle hat etwa 8 cm Durchmesser. Eingeweichte Gewürze werden auf den Stein gelegt und mit der Rolle gemahlen. Um sie besonders fein zu bekommen, mahlt die indische Köchin die Gewürze mehrere Male.
Die Inderin hat zum Schneiden sämtlicher Zutaten ein großes Messer, das auf einem großen Holzbrett an einer Seite befestigt ist. Dieses Brett wird auf den Boden gestellt, die Köchin hält es mit den Füßen fest, und in der Hocke davor sitzend schneidet sie alle ihre Zutaten.
Serviert werden die Speisen auf einer Thali aus Messing oder Edelstahl. Dieses große, praktische Tablett mit den dazugehörenden Schälchen sollten Sie sich in jedem Fall anschaffen, um Ihre Familie und Ihre Gäste stilecht zu bewirten.
Die Küche ist in Indien übrigens der heiligste Raum des Hauses. Sie darf niemals mit Schuhen betreten werden. Die Köchinnen legten allergrößten Wert auf Reinlichkeit und sind selber oft frisch gebadet, bevor sie in die Küche gehen. Nicht-Hindus ist der Zutritt streng verboten, hier werden nur selten Ausnahmen gemacht, und wenn doch, dann eher im Norden der Landes. Im Süden werden diese Regeln noch strenger befolgt.

Auf einem Markt in Rajasthan bereitet diese Frau Chapatis frisch zu.

GRUNDREZEPTE

In der indischen Küche gibt es einige sehr wichtige Grundzutaten, ohne die viele Gerichte gar nicht zubereitet werden können. Die indische Köchin macht diese Ingredienzen, z. B. Gewürzmischungen, Kochfett und Milchprodukte, nach Möglichkeit auch heute noch selber. Das meiste ist inzwischen bei uns in Spezialläden erhältlich, aber die gekauften Zutaten sind natürlich mit den selbstgemachten nicht zu vergleichen. Ghee, das Kochfett, das fast im ganzen Land verwendet wird, können Sie leicht selber machen, und zwar am besten gleich in einer größeren Menge, die Ihnen längere Zeit reichen wird. Besonders wichtig in der indischen Küche sind die Gewürze – vor allem die spezielle Mischung verschiedener Gewürze. Natürlich wird das viel verwendete Garam Masala in jeder Region ein bißchen anders zubereitet, manche indische Köchin hat ihr Geheimrezept, das sie außer Familienmitgliedern niemandem verrät. Die trockenen Gewürzmischungen und auch die raffinierten Gewürzpasten wie z. B. Masala Bata (S. 31) können Sie in größeren Mengen auf Vorrat herstellen, dann sparen Sie sich etwas Zeit, wenn Sie kochen. Paneer, ein Frischkäse, und Dahi, Joghurt, werden sehr vielseitig verwendet, Paneer für Gemüse, Saucen und Süßspeisen. Dahi ist milder, fester und fetter als unser Joghurt. Er wird zu vielen Speisen gegeben, um die Schärfe zu mildern und die Sauce sämig zu machen.

Butterschmalz

Aus dem Punjab · Gelingt leicht

Ghee

Zutat für etwa 750 g Ghee:
1 kg Butter

Zubereitungszeit: 20 Min.
(+ 40 Min. Köcheln)

Pro EL (10 g): 420 kJ/100 kcal

1 Butter in Würfel schneiden und in einem großen, schweren Topf bei schwacher Hitze langsam schmelzen lassen. Dabei Butter mit einem Löffel etwas bewegen, damit sie nicht braun wird.

2 Wenn die Butter vollständig geschmolzen ist, die Hitze erhöhen und Butter einmal aufkochen lassen, bis sie schäumt. Dann die Temperatur reduzieren (kleinste Stufe) und die Butter 30–40 Min. offen sanft köcheln lassen. Dabei nicht mehr umrühren.

3 Sobald sich die milchigen Teile goldgelb verfärbt haben und das Ghee so klar ist, daß man den Topfboden sehen kann, das Ghee durch ein feines Sieb, das mit einem Küchentuch ausgelegt ist, in ein sauberes Gefäß abseihen. Evtl. mehrmals abseihen, bis keine festen Teile mehr darin sind. Abkühlen lassen.

Info: Ghee stammt ursprünglich aus dem Punjab im Norden, ist heute aber über weite Teile des Landes verbreitet. Es gibt zwei Sorten von Ghee, das »Usli Ghee«, übersetzt reines Ghee, aus Butter, und pflanzliches Ghee, das aus verschiedenen Pflanzenfetten hergestellt wird und billiger, aber nicht so fein ist. Wir verwenden für alle Rezepte dieses Buches das reine Ghee.

Tips! Sie können Ghee monatelang an einem kühlen und trockenen Ort aufbewahren. Wenn Sie mit Ghee kochen oder fritieren, müssen Sie darauf achten, daß Karai oder Topf immer trocken sind, sonst spritzt das Ghee. Sie können Ghee auch im indischen Spezialgeschäft kaufen oder ersatzweise Butterschmalz verwenden.

Gewürzmischung

Aus ganz Indien · Gelingt leicht

Garam Masala

Zutaten für etwa 50 g:
1 EL Koriandersamen
1 EL Kreuzkümmelsamen
1 TL schwarze Pfefferkörner
5 grüne Kardamomkapseln
1 Stück Zimtrinde (5 cm)
6 Nelken

Zubereitungszeit: 10 Min.

Pro EL (10 g): 0 kJ/0 kcal

1 Alle Gewürze in eine kleine Pfanne geben und bei mittlerer Hitze etwa 3 Min. unter Rühren anrösten. Wenn die Gewürze anfangen zu duften, herausnehmen und auf einen Teller legen. Mit einem Holzlöffel die Zimtrinde grob zerkleinern. Gewürzmischung abkühlen lassen.

2 Abgekühlte Gewürze in 2–3 Portionen in eine elektrische Kaffeemühle oder den Mixaufsatz der Küchenmaschine geben und so fein mahlen, bis ein Pulver entstanden ist. In einem Glas mit einem festen Verschluß aufbewahren.

Info: Es gibt unzählige Versionen von Garam Masala, die Mischung ist von Region zu Region unterschiedlich, und auch der individuelle Geschmack der Köchin ist für die Mischung der Gewürze ausschlaggebend. Garam heißt übersetzt warm bzw. heiß. Das bedeutet, daß die Gewürzmischung eine heiße Mischung ist und eine angenehme Wärme im Körper erzeugt.

Tips! Geben Sie Garam Masala immer erst kurz vor dem Servieren zu den Gerichten. Sie können Garam Masala in einem luftdicht verschlossenen Glas etwa ein halbes Jahr aufheben, ohne daß es sein Aroma verliert.

Hausgemachter Käse

Aus Uttar Pradesh · Braucht etwas Zeit

Paneer

Zutaten für etwa 150 g Paneer:
1 l Vollmilch
4 EL Wein-Branntweinessig

Zubereitungszeit: 30 Min.
(+ 1 Std. Trocknen
+ evtl. 6 Std. Pressen)

Pro 50 g: 910 kJ/220 kcal

1 Milch in einen großen schweren Topf geben und zum Kochen bringen.

2 Wenn die Milch nach oben steigt, den Essig unterrühren und den Topf schnell von der Platte ziehen.

3 Der Paneer trennt sich jetzt von der gelbgrünen Molke. Sollte es noch nicht funktioniert haben, den Topf noch einmal auf die Herdplatte stellen, die Milch erhitzen und dabei so lange rühren, bis die Trennung vollzogen ist. Evtl. den Topf noch länger auf der Herdplatte stehenlassen, bis sich Käse und Molke getrennt haben.

4 Ein sauberes Haushaltstuch in ein Sieb legen und das Sieb in das Spülbecken geben. Paneer und Molke hineingießen und das Ganze etwa ½ Min. unter fließend kaltes Wasser halten, um die Reste der Gerinnstoffe zu entfernen. Die Enden des Tuches zusammennehmen und soviel Flüssigkeit wie möglich auspressen.

5 Den Käse im Tuch mit einem Bindfaden abbinden. Das Tuch mit dem Käse auf ein Brett legen, ein zweites Brett darauf legen und dieses mit etwa 6 kg beschweren. Der Paneer ist fertig, wenn er krümelig ist und die ganze Flüssigkeit ausgepreßt ist. (Das ist sehr wichtig für die weitere Verarbeitung von Paneer.)

6 Wenn Sie den Käse nicht gleich weiter verwenden (z. B. für Käsedessert, S. 125), lassen Sie ihn im Tuch zwischen den Brettern etwa 6 Std. stehen. Nach diesem Preßvorgang ist der Paneer schnittfest. Käse auswickeln, in Würfel oder flache Scheiben und dann Rechtecke schneiden und in Plastikfolie oder einer fest verschließbaren Plastikdose im Kühlschrank aufbewahren.

Info: Den festen Paneer brauchen Sie für einige köstliche Gerichte, z. B. Spinat mit Käsewürfeln, Palak Paneer (S. 75). Er hat einen hohen Nährwert und paßt zu allen Gemüsegerichten. Den frisch zubereiteten Paneer können Sie etwa 4 Tage im Kühlschrank aufbewahren.

Tip! Sie sollten unbedingt Wein-Branntweinessig nehmen. Er besteht zu ¼ aus Weinessig und zu ¾ aus Branntweinessig.

Selbstgemachter Joghurt

Dahi

Aus Tamil Nadu · Braucht etwas Zeit

Zutaten für 1½ kg Joghurt:
1½ l frische Vollmilch
5 EL Joghurt (3,5 % Fett)

Zubereitungszeit: 25 Min.
(+ 8 Std. Reifen)

Pro 100 g (5 EL): 290 kJ/69 kcal

1 Milch in einem Topf zum Kochen bringen. Wenn die Milch einmal kurz gekocht hat (Vorsicht, unbedingt dabeibleiben), den Topf vom Herd nehmen und die Milch etwa 15 Min. abkühlen lassen, bis sie lauwarm ist.

2 Joghurt in eine Schüssel füllen und mit einer Tasse lauwarmer Milch gut mischen. Diese Mischung in den Topf zu der restlichen Milch geben und verrühren.

3 Den Topf zudecken und an einen warmen Ort stellen. Wenn der Joghurt eingedickt ist (nach etwa 8 Std.), in den Kühlschrank stellen, um die weitere Vermehrung der Bakterien aufzuhalten.

Info: Selbstgemachter Joghurt wird zu vielen Hauptgerichten gegeben, da er die Schärfe mildert und den Speisen einen fein säuerlichen Geschmack verleiht. Für Salate wird auch Joghurt benötigt. In Indien wird Joghurt oft mit etwas Zucker vermischt als kleine Mahlzeit gegessen. Wenn Sie keine Zeit haben, Joghurt selbst zu machen, können Sie ersatzweise Joghurt mit mindestens 3,5 % Fett nehmen. Auch griechischer Joghurt mit 10 % Fett eignet sich gut.

Tip! Heben Sie die letzten 5 EL von Ihrem selbstgemachten Joghurt auf für die nächste Produktion.

Pikante Gewürzpaste

Masala Bata

Aus Himachal Pradesh · Gelingt leicht

Zutaten für etwa 850 g Paste:
4 große Zwiebeln
4 Stücke frischer Ingwer (je 3 cm)
8 Knoblauchzehen
5 mittelgroße Tomaten
4 frische Chilischoten
6 EL Weißwein- oder Obstessig

Zubereitungszeit: 15 Min.

Pro 50 g (5 EL): 75 kJ/18 kcal

1 Zwiebeln schälen, längs halbieren und in Halbringe schneiden. Ingwer und Knoblauch schälen. Ingwer und Knoblauch grob zerkleinern.

2 Tomaten waschen, vierteln und vom Stielansatz befreien. Chilischoten waschen, Stielansatz abschneiden. Nachdem Sie die Chilischoten angefaßt haben, dürfen Sie die Hände nicht an die Augen bringen, das brennt wie Feuer! Am besten die Hände gründlich waschen.

3 Alle Zutaten mit Essig in einen Mixer geben und zu einer feinen Paste pürieren. In ein verschließbares Glas umfüllen und kühl aufbewahren. Die Paste hält sich im Kühlschrank etwa 3 Wochen.

Info: Masala Bata paßt zu vielen Fleischgerichten und zu Eiercurry (S. 87).

Tip! Wenn Sie keinen Mixer haben, können Sie die Zutaten auch in einem großen Mörser zerstoßen. Das ist natürlich mühsamer und zeitaufwendiger. Traditionell benutzen die Inder ebenfalls einen Mörser oder Mahlstein.

Sambargewürz

Aus Kerala · Scharf

Sambar Masala

Zutaten für etwa 80 g Gewürzmischung:
6 getrocknete Chilischoten
50 g Koriandersamen
1 TL Kreuzkümmelsamen
1 TL schwarze Pfefferkörner
1 TL Bockshornkleesamen
1 TL Urid Dal (Uridlinsen)
1 TL Moong Dal (Munglinsen)
1 TL Chana Dal (gelbe Linsen)
1½ TL Kurkumapulver

Zubereitungszeit: 20 Min.

Pro 10 g: 24 kJ/6 kcal

1 Chilischoten vom Stielansatz befreien, mit Koriander, Kreuzkümmel, Pfeffer und Bockshornklee in eine Pfanne geben und ohne Öl etwa 5 Min. bei mittlerer Hitze rösten. Dabei ständig umrühren, sonst brennen die Gewürze an. In eine Schüssel geben und abkühlen lassen.

2 Alle Dals in die Pfanne geben und ohne Fett bei mittlerer Hitze etwa 5 Min. rösten, dabei ständig umrühren. Geröstete Bohnen und Linsen in die Schüssel zu den Gewürzen geben und etwas abkühlen lassen.

3 In die noch heiße Pfanne Kurkumapulver geben und kurz anrösten. (Das Kurkuma bekommt durch das Rösten einen besseren Geschmack.) Kurkuma in eine andere Schüssel geben und ebenfalls abkühlen lassen.

4 Die abgekühlten Gewürze und Dals in eine Gewürzmühle oder eine elektrische Kaffeemühle geben und fein mahlen. Kurkuma hinzufügen, alles gut mischen und in einem verschließbaren Gefäß aufbewahren.

Variante: Um Sambar herzustellen, wird das Sambar Masala mit ½ l Wasser 10–15 Min. gekocht. Nach Belieben können Sie Tomaten oder Gemüsesorten mitkochen. Das Sambar mit Salz abschmecken und zu Pfannkuchen (S. 102) servieren.

Currypulver

Aus Madras · Geht schnell

Kari

Zutaten für etwa 100 g Gewürzmischung:
6 getrocknete Chilischoten
3 TL Koriandersamen
1 TL schwarze Senfsamen
2 TL Kreuzkümmelsamen
1 TL schwarze Pfefferkörner
1 TL Bockshornkleesamen
20 Curryblätter, getrocknet
2 EL Kurkumapulver

Zubereitungszeit: 10 Min.

Pro 10 g: 0 kJ/0 kcal

1 Chilischoten mit Koriander, Senfsamen, Kreuzkümmel, Pfefferkörnern, Bockshornklee und Curryblättern in einer elektrischen Kaffeemühle oder einer Gewürzmühle fein mahlen und in eine Schüssel geben.

2 Kurkuma zu der Mischung geben und gut verrühren. Das Currypulver in ein Gefäß geben und dieses fest verschließen.

Info: Currypulver ist eine Mischung aus verschiedenen Gewürzen. Die Zusammensetzung des Pulvers folgt jahrhundertealter Überlieferung und Erfahrung – dabei schwankt die Menge der einzelnen Gewürze je nach Region und Familientradition. Dieses Currypulver stammt aus Südindien und eignet sich ganz besonders für das Würzen von Dals und Gemüsegerichten. Natürlich können Sie es auch für Fleischgerichte verwenden.

SNACKS & DALS

In Indien wird den ganzen Tag genascht und gegessen, auf der Straße im Gehen und Stehen, im Bus und im Zug, im Kino und im Park – überall sieht man Menschen mit in Papier gewickelten, duftenden Köstlichkeiten. Auch die Köche und Verkäufer dieser feinen Snacks sind überall, an jeder Straßenecke stehen sie mit ihren Wägelchen und bieten herrliche Leckereien an. In der Familie und in den meisten indischen Restaurants werden diese Snacks als Vorspeisen oder Appetitanreger angeboten. Manche sind sehr berühmt, z. B. Pakoras, das ist in Kichererbsenmehl fritiertes Gemüse (S. 42), oder Samosas, gefüllte Pasteten (S. 38). Die Snacks werden als kleine Mahlzeiten mit Pickles, Chutneys oder einer würzigen Joghurtsauce serviert. Dals, halbierte und geschälte Hülsenfrüchte, sind in Indien ein Grundnahrungsmittel. Sie dürfen bei keinem indischen Essen fehlen, sind Bestandteil jeder Hauptmahlzeit und werden mit Reis oder indischem Brot gegessen. In der indischen Küche werden mehr als 60 verschiedene Hülsenfrüchte verwendet. Lassen Sie sich von der Vielzahl der Dalsorten und Bezeichnungen nicht verwirren. Fragen Sie nach dem indischen Dalnamen, so wie er in der Zutatenliste steht. Die deutschen Übersetzungen sind teilweise falsch und weichen oft voneinander ab. Moong z. B. sind grüne, runde Bohnen. Halbiert und geschält sind sie hellgelb und werden als Moong Dal, auf deutsch übersetzt Munglinsen, verkauft. Die hellgelben Chana Dal werden manchmal mit gelbe Linsen, manchmal mit halbierte Kichererbsen übersetzt. Uridbohnen sind schwarze Bohnen, die halbiert und geschält weiß sind und als Urid Dal, übersetzt Uridlinsen, im Handel sind. In den folgenden Rezepten werden nur Dalsorten verwendet, die Sie in jedem indischen Laden bekommen.

Gemüsekoteletts

Aus Madhya Pradesh · Würzig

Sabzi Chop

Zutaten für 4 Portionen:
400 g Kartoffeln, mehligkochend
150 g Möhren
150 g rote Bete
50 g Weißkohl
2 mittelgroße Zwiebeln
3 EL Ghee (S. 26), ersatzweise Butterschmalz
½ TL Chilipulver
1 TL Paprikapulver, edelsüß
1 TL Kreuzkümmelpulver
Salz · 1–2 Eier
150 g Semmelbrösel
½ l Öl zum Fritieren

Zubereitungszeit: 1 Std. 10 Min. (ohne Ghee)

Pro Portion: 2000 kJ/480 kcal

1 Kartoffeln, Möhren und rote Beten waschen, schälen und in etwa 2 cm große Würfel schneiden. In einen Topf mit 1 l Wasser geben und bei mittlerer Hitze etwa 20 Min. kochen lassen, bis alle Gemüse weich sind. In ein Sieb geben und abtropfen lassen.

2 Weißkohl waschen und fein hacken, Zwiebeln schälen und ebenfalls kleinschneiden. In einem Topf oder einer Karai Ghee erhitzen, die Zwiebeln darin bei mittlerer Hitze goldbraun anbraten. Weißkohl hinzufügen und alles bei schwacher Hitze unter Rühren etwa 10 Min. schmoren lassen.

3 Das gekochte Gemüse durch eine Kartoffelpresse drücken und mit dem geschmorten Gemüse in eine Schüssel geben, Chilipulver, Paprika, Kreuzkümmel und Salz untermischen. Evtl. etwas Semmelbrösel dazugeben, damit die Masse gut formbar ist. Dann aus der Masse 12 flache, runde Koteletts formen.

4 Ei verquirlen und in einen Teller geben. Semmelbrösel auf einen anderen Teller geben, die 12 Koteletts erst im Ei und anschließend in den Semmelbröseln wenden.

5 Öl in einer Pfanne oder einem Topf erhitzen, die Gemüsekoteletts portionsweise von beiden Seiten jeweils 2–4 Min. braten, bis sie goldbraun sind.

6 Mit Minzsauce (S. 116), Lime-Pickles oder Apfelchutney (S.114) servieren.

Eierbällchen

Aus Westbengalen · Etwas schwieriger

Dimer Chop

Zutaten für 6 Portionen:
1 kg Kartoffeln, mehligkochend
Salz · 6 Eier
1 Stück frischer Ingwer (4 cm)
2 TL Korianderpulver
½ TL Chilipulver
1 TL Garam Masala (S. 27)
300 g Kichererbsenmehl
1 l Öl zum Fritieren

Zubereitungszeit: 50 Min. (+ 10 Min. für das Garam Masala)

Pro Portion: 3000 kJ/710 kcal

1 Kartoffeln waschen, schälen und in etwa 3 cm große Würfel schneiden. In reichlich kochendem Salzwasser in etwa 10 Min. garen. Inzwischen Eier in etwa 8 Min. hart kochen, abkühlen, schälen und jeweils der Länge nach halbieren. Gegarte Kartoffeln mit einem Kartoffelstampfer zerdrücken und in einer großen Schüssel abkühlen lassen.

2 Ingwer schälen und auf der Gemüsereibe fein reiben. Ingwer, Koriander, Salz, Chili und Garam Masala zu den Kartoffeln geben und gut mischen.

3 Kichererbsenmehl in eine Schüssel geben, 300 ml Wasser und Salz hinzufügen und alles zu einem glatten, dickflüssigen Teig verrühren.

4 Öl in einer Pfanne oder einer Karai erhitzen. Mit einem Löffel und den Händen etwas Kartoffelteig um eine Eierhälfte herumformen, dann Eierhälfte in Kichererbsenmehlteig wenden und sofort im Öl bei starker Hitze 1–2 Min. fritieren, bis der Teig goldbraun ist. Alle Eierbällchen auf diese Weise zubereiten und warm stellen.

5 Das Gericht mit einem beliebigen Raita oder Chutney (z. B. Minzchutney, S. 116) servieren.

Gefüllte Pasteten

Samosas

Nationalgericht · Braucht etwas Zeit

Zutaten für 4 Portionen (16 Pasteten):

Für die Füllung:

4 mittelgroße Kartoffeln, festkochend
½ Blumenkohl (etwa 250 g)
1 Stück frischer Ingwer (4 cm)
2–3 EL Ghee (S. 26), ersatzweise Butterschmalz
½ TL Kreuzkümmelsamen
½ TL Kala Jeera (schwarzer Kreuzkümmel)
¼ TL Chilipuler
1 TL Korianderpulver
1 TL Paprikapulver, edelsüß
100 g Erbsen, tiefgefroren und aufgetaut
1 TL Garam Masala (S. 27)
Salz

Für den Teig:

300 g Weizenmehl
4 EL Ghee (S. 26), ersatzweise Butterschmalz
¼ TL Thymiansamen (Ajwain)
1 TL Salz
1 l Öl zum Fritieren + etwas Öl für die Arbeitsfläche

Zubereitungszeit: 1¼ Std. (ohne Ghee) (+ 10 Min. für das Garam Masala)

Pro Portion: 3800 kJ/900 kcal

1 Für die Füllung Kartoffeln waschen, schälen und in etwa 1 cm große Würfel schneiden. Blumenkohl waschen und in möglichst kleine Röschen teilen, größere Röschen halbieren. Ingwer schälen und fein reiben.

2 Ghee in einem Topf erhitzen, Kreuzkümmel und schwarzen Kreuzkümmel bei mittlerer Hitze etwa 1 Min. darin anbraten. Dann unter ständigem Rühren den Ingwer und alle anderen Gewürze außer dem Garam Masala und Salz dazugeben.

3 Kartoffelwürfel, Blumenkohl und Erbsen dazugeben, alles etwa 5 Min. anbraten, dabei gelegentlich umrühren. Die Hitze reduzieren, den Deckel auflegen und das Gemüse etwa 10 Min. schmoren lassen, bis es weich ist. Bei Bedarf etwas Wasser (50–100 ml) hinzufügen. Garam Masala und Salz darüber streuen, kurz umrühren und kalt stellen.

4 Für den Teig Mehl, Ghee, Thymiansamen, Salz und 175 ml Wasser in eine Schüssel geben. Alle Zutaten zu einem Teig vermengen und diesen etwa 15 Min. kneten, bis er fest und geschmeidig ist. Den Teig mit einem feuchten Tuch zudecken und etwa 10 Min. ruhen lassen.

5 Teig in 8 Kugeln teilen. Ein großes Holzbrett einölen, jede Teigkugel auf diesem Brett zu einem runden Fladen von etwa 20 cm Durchmesser ausrollen. Fladen in der Mitte durchschneiden.

6 Den halbierten Teigfladen zu einer Tüte formen. Dazu den halbierten Fladen in der Mitte (der langen Kante) falten, die lange Kante mit angefeuchteten Fingern gut zusammendrücken.

7 Etwa 2 TL Füllung in die Tüte geben und die Ränder ebenfalls mit angefeuchteten Fingern verschließen. Alle Samosas auf diese Art zubereiten.

8 Öl in einem Topf oder einer Karai auf mittlere Hitze erwärmen. Samosas portionsweise ins heiße Öl legen und 1–2 Min. fritieren, dann wenden und auf der anderen Seite ebenfalls 1–2 Min. fritieren, bis sie goldgelb sind. Auf Küchenpapier entfetten.

9 Samosas warm mit Lime-Pickles, Apfelchutney (S. 114) oder Minzsauce (S. 116) servieren.

Info: Sie können die Füllung für Samosas auch mit anderen Gemüsesorten oder Hackfleisch zubereiten.

Gewürzte Linsenfladen

Aus Tamil Nadu · Geht schnell

Papad/Papadam

Zutaten für 6 Portionen:
300 ml Öl zum Fritieren
6 Linsenfladen

Zubereitungszeit: 10 Min.

Pro Fladen: 440 kJ/100 kcal

1 In einer kleinen Pfanne Öl erhitzen. Je ein Papad hineingeben und bei starker Hitze nur wenige Sekunden backen, umdrehen und auf der anderen Seite ebenfalls 5–7 Sek. backen.

2 Mit einem Schaumlöffel aus der Pfanne nehmen und auf Küchenpapier entfetten.

Info: Die Papads werden gerne zwischendurch geknabbert und zu allen Currygerichten als Beilage gereicht. Es gibt sie auf jedem indischen Markt zu kaufen, gewürzt, z. B. mit Pfeffer oder Knoblauch, oder ungewürzt. Bei uns gibt es die Papads abgepackt im Asienladen zu kaufen. In Indien werden sie in Heimarbeit in großen Mengen gemacht und ebenfalls fertig verkauft.

Papad ist der nordindische Name für die Linsenfladen. Im Süden heißen sie Papadam.

Tips! Sie können die Papads auch ohne Fett zubereiten. Dazu müssen Sie eine Pfanne stark erhitzen, ein Papad hineinlegen, mit einem sauberen, trockenen Küchentuch kurz anpressen. Nach einigen Sekunden wenden, wieder anpressen und kurz braten. Wenn Sie eine größere Menge Papads zubereiten, können Sie die fertigen Fladen auch im Backofen backen. Den Ofen auf 200° (Gas Stufe 3) vorheizen, so viele Papads wie möglich nebeneinander auf das Backgitter legen und 30–45 Sek. backen, bis sie leicht bräunlich sind.

Linsenkuchen in Joghurtsauce

Aus Tamil Nadu · Gut vorzubereiten

Dahi Vada

Zutaten für 6 Portionen:
200 g Urid Dal (Uridlinsen)
1 TL Kreuzkümmelsamen
1 EL Öl · 2 frische Chilischoten
Salz · 1/4 TL Asafötida
300 ml Öl zum Fritieren
3 Stengel frischer Koriander
600 g Joghurt (S. 31)
1 EL Kokosraspel, ungesüßt
1/4 TL Chilipulver
Nach Belieben: einige Gurkenscheiben, halbierte Zwiebelringe und Chilischoten

Zubereitungszeit: 40 Min. (ohne Joghurt) (+ 12 Std. Einweichen + 1 Std. Kühlen)

Pro Portion: 850 kJ/210 kcal

1 Urid Dal waschen, mit 350 ml Wasser in eine Schüssel geben und über Nacht einweichen.

2 Kreuzkümmel in einer Pfanne in Öl kurz anrösten, beiseite stellen. Chilischoten waschen und vom Stielansatz befreien, die Hände nicht an die Augen bringen, das brennt wie Feuer!

3 Urid Dal, Chilischoten, etwas Salz, Asafötida und angerösteten Kreuzkümmel mit 2 EL Einweichflüssigkeit in einem Mixer zu einem dickflüssigen, feinen Brei pürieren, evtl. etwas mehr Wasser hinzufügen.

4 Öl in einer Karai oder einem Topf erhitzen, die Paste mit einem Eßlöffel portionsweise in das Öl geben und bei starker Hitze etwa 5 Min. darin fritieren. Auf Küchenpapier abtropfen lassen, dann in eine Schüssel geben.

5 Koriander waschen, trockenschütteln, die Blättchen abzupfen und fein hacken. Joghurt, Kokosraspel, Chilipulver, 3/4 vom Koriander und Salz in eine Schüssel geben und gut mischen. Die Joghurtsauce über das Gericht gießen, mit restlichem Koriander bestreuen und mindestens 1 Std. kühl stellen. Mit Tamarindenchutney (S. 116) und, nach Belieben, einem Schälchen mit Gurke, Zwiebel und Chilischote servieren.

Info: Asafötida ist ein aromatisches Harz aus den Wurzeln eines Doldengewächses mit dem Namen Ferula asafoetida. Es hat ein intensives Aroma und sollte sehr sparsam dosiert werden. Asafötida wird auch als Naturheilmittel gegen Blähungen, Magenkrämpfe und Bauchkoliken verwendet. Im Handel ist Asafötida pulverisiert erhältlich. Sie bekommen es im Asienladen, auch unter den Namen Stinkasant oder Hing.

Gemüsekrapfen

Aus Uttar Pradesh · Gut vorzubereiten

Pakoras

Zutaten für 6 Portionen:
500 g Auberginen
250 g Kichererbsenmehl
1 TL Kreuzkümmelpulver
¼ TL Chilipulver
½ TL Korianderpulver
1 TL Paprikapulver, edelsüß
½ TL Thymiansamen (Ajwain)
½ TL Zwiebelsamen
Salz
1 l Öl zum Fritieren

Zubereitungszeit: 45 Min.

Pro Portion: 2200 kJ/520 kcal

1 Auberginen waschen, vom Stielansatz befreien und in etwa ½ cm dicke Scheiben schneiden.

2 Kichererbsenmehl in eine Schüssel geben und alle Gewürze und Salz daruntermischen. 300 ml kaltes Wasser langsam dazugießen und die Masse mit einem Schneebesen schlagen, bis ein glatter, dickflüssiger Teig entstanden ist. Diesen Teig in einen tiefen Teller geben.

3 Öl in einer Karai oder einem Topf stark erhitzen. Das Öl ist heiß genug, wenn ein Teigtropfen sofort zischend an die Oberfläche steigt. Die Herdplatte auf mittlere Hitze herunterschalten.

4 Auberginenscheiben in den Teig tauchen und portionsweise mit einem Schaumlöffel in das heiße Fett geben. Die Pakoras jeweils 3–4 Min. von beiden Seiten fritieren, bis sie goldbraun und knusprig sind. Herausnehmen und auf Küchenpapier entfetten. Heiß oder lauwarm mit Minzsauce (S. 116) als Imbiß oder Vorspeise servieren.

Variante: Sie können Pakoras genauso mit anderen Gemüsesorten zubereiten, z. B. mit 500 g in Scheiben geschnittenen Kartoffeln oder ½ Blumenkohl, den Sie in Röschen teilen, oder 500 g Zwiebelringen.

Info: Fragen Sie nach Ajwain, wenn Sie im Asienladen einkaufen, sonst gibt es unter Umständen Mißverständnisse. Thymiansamen ist eine falsche Übersetzung, die daher kommt, daß die Samen thymianähnlich duften.

Gelbe Linsen mit Kokos

Aus Andhra Pradesh · Gelingt leicht

Chana Dal

Zutaten für 4–6 Portionen:
200 g Chana Dal (gelbe Linsen)
2 frische Chilischoten
3 EL Ghee (S. 26), ersatzweise Butterschmalz
1 TL Kreuzkümmelsamen
2 Lorbeerblätter · 1 TL Kurkumapulver
1 TL Paprikapulver, edelsüß
Salz · ½ TL Zucker
80 g Kokosraspel, ungesüßt

Zubereitungszeit: 40 Min. (ohne Ghee)

Bei 6 Portionen pro Portion: 830 kJ/200 kcal

1 Chana Dal mit 1,2 l Wasser in einem Topf zum Kochen bringen. Bei schwacher Hitze in etwa 25 Min. zugedeckt garen.

2 Inzwischen Chilischoten waschen, vom Stielansatz befreien und kleinschneiden. Vorsicht, die Hände nicht in die Nähe der Augen oder Schleimhäute bringen. Chilischoten enthalten Capsaicin, das brennt höllisch. Hände am besten gründlich waschen.

3 Ghee in einem Topf erhitzen. Chilischoten, Kreuzkümmel, Lorbeerblätter, Kurkuma, Paprika, reichlich Salz, Zucker und Kokosraspel in den Topf geben und bei mittlerer Hitze unter ständigem Rühren etwa 3 Min. anbraten. Diese Mischung zum fertigen Dal geben und gut unterrühren. Gericht mit Reis oder indischem Brot servieren.

Info: Chana Dal sind manchmal auch unter dem Namen Gram Dal im Handel.

Rote Linsen mit Koriander

Aus Westbengalen · Gelingt leicht

Masoor Dal

Zutaten für 4 Portionen:
175 g Masoor Dal (rote Linsen)
1 Stück frischer Ingwer (4 cm)
1 TL Kurkumapulver
Salz
3–6 Stengel frischer Koriander
3 EL Ghee (S. 26), ersatzweise Butterschmalz
1 Msp. Asafötida
1 TL Kreuzkümmelsamen
¼ TL Chilipulver
2 TL Korianderpulver

Zubereitungszeit: 25 Min. (ohne Ghee)

Pro Portion: 870 kJ/210 kcal

1 Masoor Dal in ein Sieb geben und unter kaltem Wasser waschen. Dann mit ½ l Wasser in einen Topf geben, das Wasser zum Kochen bringen. Ingwer schälen und auf der Gemüsereibe reiben. Ingwer, Kurkuma und reichlich Salz zum Dal geben und unterrühren. Alles bei mittlerer Hitze etwa 10 Min. kochen lassen, bis die Linsen weich sind. Den Topf vom Herd nehmen.

2 Koriander waschen, trockenschütteln, die Blätter abzupfen und fein hacken. Ghee in einer kleinen Pfanne erhitzen. Asafötida, Kreuzkümmel, Chilipulver und Korianderpulver hineingeben und bei mittlerer Hitze etwa 1 Min. unter ständigem Rühren anbraten, dann unter das Dal mischen.

3 Das Gericht in eine Servierschüssel geben, einen großen Teil Koriander unterrühren, den Rest darüber streuen. Mit Reis servieren.

Info: Die roten Linsen bekommen durch das Kochen die gelbe Farbe.

Koriander

Koriander ist eines der beliebtesten Kräuter und Gewürze in Indien. Die Pflanze gehört zur Familie der Doldengewächse, wird etwa 15–20 cm groß, hat grüne, unserer Petersilie ähnliche Blätter, hellbraune, hohle Früchte und weiße bis rötliche Blüten. Die Inder verwenden von der frischen Pflanze meist die Blätter, die Stiele werden nur selten zu Hülsenfrüchten gegeben. Die Blätter werden zum Garnieren der Gerichte und natürlich wegen des unverwechselbaren Aromas genommen, das von dem Gehalt an ätherischem Korianderöl herrührt. Außerdem hat Koriander nervenberuhigende, verdauungsfördernde und krampflösende Wirkung. Frisch gekauften Koriander stellen Sie am besten ungewaschen in ein Glas mit Wasser. Falls Sie ihn länger aufbewahren wollen, legen Sie ihn in einer kleinen verschlossenen Plastiktüte in den Kühlschrank. Auch die Samen (eigentlich handelt es sich um die Früchte) sind ein wichtiges Gewürz in der indischen Küche. Die Samenkörner sind weiß bis hellbraun, etwas kleiner als Pfefferkörner, riechen aromatisch und haben einen leicht süßlichen Geschmack. Es gibt sie ganz und gemahlen zu kaufen.

Viele indische Gerichte enthalten frischen Koriander oder Koriandersamen.

Pikante Munglinsen

Moong Dal

Aus Uttar Pradesh · Gelingt leicht

Zutaten für 4 Portionen:
1 mittelgroße Zwiebel
1 Stück frischer Ingwer (4 cm)
2 Knoblauchzehen
3 EL Ghee (S. 26), ersatzweise Butterschmalz
2 TL Currypulver (S. 33)
250 g Moong Dal (Munglinsen)
Salz
½ Zwiebel zum Garnieren
½ TL Garam Masala (S. 27)

Zubereitungszeit: 45 Min.
(+ 20 Min. für die Gewürze)
Pro Portion: 1400 kJ/330 kcal

1 Zwiebel schälen und kleinschneiden. Ingwer schälen und auf der Gemüsereibe fein reiben. Knoblauchzehen schälen und fein hacken.

2 2 EL Ghee in einer Karai oder einem Topf erhitzen. Zwiebel, Knoblauch und Ingwer dazugeben und alles bei mittlerer Hitze anbraten, bis die Zwiebeln dunkelbraun sind. Currypulver hinzufügen und unter ständigem Rühren etwa 2 Min. anbraten.

3 Moong Dal hineingeben und etwa 2 Min. anbraten. Dann 800 ml Wasser und reichlich Salz dazugeben. Wasser aufkochen. Gericht etwa 25 Min. zugedeckt bei schwacher Hitze köcheln lassen, bis die Linsen weich sind. Ab und zu umrühren. Zwiebelringe in 1 EL Ghee braun braten. Kurz vor dem Servieren Garam Masala und Zwiebelringe darüber streuen. Mit Reis oder indischem Brot servieren.

Linsen in Currysauce

Aus Gujarat · Pikant

Toor Dal

Zutaten für 4 Portionen:
250 g Toor Dal (Linsen)
½ TL Kurkumapulver
½ TL Chilipulver
1 TL Paprikapulver, edelsüß
1 frische Chilischote
2 EL Ghee (S. 26), ersatzweise Butterschmalz
1 TL Kreuzkümmelsamen
3 Lorbeerblätter
Salz · 1 TL Zucker
1 TL Garam Masala (S. 27)

Zubereitungszeit: 20 Min. (ohne Ghee) (+ 20 Min. Garen + 10 Min. für das Garam Masala)
Pro Portion: 1000 kJ/240 kcal

1 In einem Topf 1 l Wasser zum Kochen bringen. Toor Dal hineingeben und zugedeckt bei mittlerer Hitze etwa 20 Min. kochen lassen, dabei gelegentlich umrühren.

2 Kurkuma, Chilipulver und Paprika dazugeben, mit dem Toor Dal mischen und alles etwa 10 Min. bei schwacher Hitze kochen lassen. Wenn das Dal weich ist, den Topf beiseite stellen.

3 Chilischote waschen, vom Stielansatz befreien und kleinschneiden. Vorsicht, Hände nicht in die Nähe der Augen bringen, das brennt wie Feuer! Ghee in einem kleinen Topf erhitzen, Chilischote, Kreuzkümmel und Lorbeerblätter zum Ghee geben und etwa 1 Min. anbraten, bis die Gewürze leicht bräunlich sind. Diese Mischung zum Dal geben und gut verrühren.

4 Gericht mit reichlich Salz und Zucker abschmecken. Kurz vor dem Servieren Garam Masala darüber streuen. Mit Reis und indischem Brot servieren.

Info: Die Inder lassen Lorbeerblätter im Gericht. Wenn Sie das nicht mögen, können Sie die Blätter natürlich vor dem Servieren herausfischen. In Indien legt derjenige, der eines hat, dieses auf dem Tellerrand ab.
Manchmal ist Toor Dal auch unter dem Namen Arahar Dal im Handel.

Kichererbsen mit Lamm

Aus dem Punjab · Gut vorzubereiten

Mutton Chana

Zutaten für 4 Portionen:
800 g Kichererbsen (Dose), ersatzweise 250 g getrocknete
250 g Lammfleisch (Schulter)
2 mittelgroße Zwiebeln
1 Stück frischer Ingwer (3 cm)
1 frische Chilischote
2 mittelgroße Tomaten
3 EL Ghee (S. 26), ersatzweise Butterschmalz
1 TL Paprikapulver, edelsüß
1 TL Kurkumapulver · ¼ TL Chilipulver
1 TL Kreuzkümmelpulver
½ TL Mangopulver
Salz · 1 TL Zucker
1 TL Garam Masala (S. 27)

Zubereitungszeit: 30 Min. (ohne Ghee) (+ evtl. 12 Std. Einweichen + 20 Min. Garen + 10 Min. für das Garam Masala)

Pro Portion: 3600 kJ/860 kcal

1 Getrocknete Kichererbsen in reichlich kaltem Wasser über Nacht einweichen. Kichererbsen aus der Dose kurz abspülen und abtropfen lassen.

2 Lammfleisch waschen, von Fett und Sehnen befreien, trockentupfen und in etwa 1 cm große Würfel schneiden. Zwiebeln schälen und kleinschneiden. Ingwer schälen und fein reiben. Chilischote waschen, vom Stielansatz befreien und kleinschneiden (Hände nicht in die Nähe der Augen bringen!). Tomaten waschen, vierteln und vom Stielansatz befreien.

3 Ghee in einer Karai oder einem Topf erhitzen, Zwiebeln darin bei mittlerer Hitze anbraten, bis sie dunkelbraun sind.

4 Lammfleisch dazugeben und etwa 3 Min. bei mittlerer Hitze unter Rühren anbraten. Kichererbsen dazugeben und ebenfalls 2–3 Min. anbraten. Die Gewürze, Salz, Zucker, Chilischote und Ingwer daruntermischen und unter ständigem Rühren etwa 3 Min. mitbraten, bis die Gewürze leicht braun sind.

5 Tomatenviertel und 200 ml Wasser hinzufügen und alles zum Kochen bringen. Das Gericht bei mittlerer Hitze etwa 20 Min. zugedeckt kochen lassen, bis die Kichererbsen und das Lammfleisch gar sind. Ab und zu umrühren. Garam Masala über das Gericht streuen und warm mit Puri (S. 99) servieren.

Moong Dal (l.o.), Masoor Dal (r.o.), Toor Dal (l.u.) und Kichererbsen (r.u.).

Dals

Hülsenfrüchte zählen in Indien zu den Grundnahrungsmitteln und dürfen bei keiner Mahlzeit fehlen. Sie decken den täglichen Eiweißbedarf der Menschen, die wenig oder gar kein Fleisch essen. In der indischen Küche werden zahlreiche Sorten verwendet, es gibt ganze, gespaltene und geschälte. Beliebt sind gelbe Linsen (Chana Dal), die gelblich bis hellrot sind und leicht süßlich im Geschmack. Kala Chana sind braune Kichererbsen. Rote geschälte, halbierte Linsen (Masoor Dal) schmecken mild und werden beim Kochen gelblich. Toor Dal sind mit einer Ölschicht überzogene Linsen. Geschälte, halbierte Mungbohnen (Moong Dal), übersetzt Munglinsen, sind die populärsten Dals des Nordens. Urid Dal sind schwarze Bohnen, die halbiert und geschält weißgelb sind und Uridlinsen heißen.

FLEISCH, GEFLÜGEL & FISCH

Indien ist nicht gerade das Land der Fleischesser. Jede Religion hat bestimmte Eßtraditionen, und ihre Anhänger sind sehr strengen Tabus unterworfen. So essen die Hindus, die den größten Teil der Bevölkerung ausmachen, kein Rindfleisch, da ihnen die Kuh heilig ist. Moslems und Juden hingegen dürfen kein Schweinefleisch essen. Deshalb wird in vielen Familien überwiegend Ziegenfleisch und Lammfleisch gegessen. Die Gerichte in diesem Kapitel sind mit Lammfleisch zubereitet, da Ziegenfleisch bei uns schwer zu bekommen ist. Natürlich können Sie alle Fleischrezepte auch mit magerem Rindfleisch zubereiten.
Huhn ist ausgesprochen beliebt und recht teuer in Indien. Bei keinem Festessen darf ein Huhn fehlen, und es wird in der indischen Küche auf vielerlei Arten köstlich zubereitet. Weltberühmt ist das saftige und sehr mild gewürzte Tandoori-Hähnchen, das in Indien im Tandoor, einem Lehmofen, zubereitet wird. Meistens wird die Haut übrigens nicht mitgegessen, da sie als unrein gilt, und weil ohne Haut die Gewürze besser in das Hähnchenfleisch eindringen können. Indien hat fast 4000 km Küste und zahlreiche Seen, die das Land mit einer Fülle von Fischen und Meeresfrüchten versorgen. Vor allem Westbengalen und die Westküste sind berühmt für ihre Fischgerichte, z. B. Fisch in pikanter Senfsauce (Macchli Kari, S. 67) oder Riesengarnelen mit Kokos, eine Spezialität aus der Provinz Kerala (S. 68). Natürlich werden in den folgenden Rezepten nur Fische verwendet, die Sie hier problemlos bekommen.

Roter Lammfleischtopf

Aus der Mogulenküche · Pikant

Rogan Josh

Zutaten für 4 Portionen:
1 kg Lammfleisch ohne Knochen (Schulter oder Keule)
1 Stück frischer Ingwer (3 cm)
4 Knoblauchzehen · 6 Zwiebeln
8 EL Ghee (S. 26), ersatzweise Butterschmalz
8 grüne Kardamomkapseln
6 Nelken · 3 Lorbeerblätter
8 schwarze Pfefferkörner
2 Stücke Zimtrinde (je etwa 5 cm)
4 TL Paprikapulver, rosenscharf
1/2 TL Chilipulver
2 TL Korianderpulver
2 TL Kreuzkümmelpulver
1 1/2 EL Bockshornkleeblätter
Salz · 6 EL Joghurt (S. 31)
1/2 TL Garam Masala (S. 27)

Zubereitungszeit: 1 1/4 Std. (ohne Ghee und ohne Joghurt) (+ 50 Min. Garen + 10 Min. für das Garam Masala)

Pro Portion: 3400 kJ/810 kcal

1 Fleisch abwaschen, trockentupfen, von Fett und Sehnen befreien und in etwa 2 cm große Würfel schneiden. Ingwer und Knoblauch schälen, Ingwer in kleine Stücke schneiden. Ingwer und Knoblauch mit 4 EL Wasser im Mixer pürieren. Zwiebeln schälen und kleinschneiden.

2 Ghee in einer Karai oder einem Topf erhitzen. Die Fleischwürfel portionsweise hineingeben und bei starker Hitze in etwa 8 Min. rundherum braun anbraten und auf einem Teller beiseite stellen.

3 Kardamom, Nelken, Lorbeerblätter, Pfefferkörner und Zimt in das in der Karai verbliebene Ghee geben und kurz anbraten. Zwiebeln dazugeben und bei mittlerer Hitze dunkelbraun braten.

4 Ingwer-Knoblauch-Paste hinzufügen und etwa 1 Min. anbraten, dabei ständig rühren. Paprika, Chilipulver, Koriander, Kreuzkümmel, Bockshornkleeblätter und Salz dazugeben und etwa 1 Min. mitbraten.

5 Die Fleischwürfel wieder in die Karai geben und alles gut mischen. Joghurt unterrühren und erwärmen. 300 ml Wasser dazugeben und alles bei mittlerer Hitze zum Kochen bringen. Dann das Fleisch zugedeckt bei schwacher Hitze in etwa 50 Min. garen. Hin und wieder umrühren, damit das Fleisch nicht anbrennt. Kurz vor dem Servieren Garam Masala darüber streuen. Das Gericht mit Reis oder Paratha (S. 104) und einem beliebigen Chutney servieren.

Pfeffer

Die Pfefferpflanze ist in Indien beheimatet, und Indien ist einer der Hauptexporteure von Pfeffer. Der Kletterstrauch wird bis zu 15 m hoch und rankt sich an Bäumen oder Stützpfählen empor. Die Beerenfrucht des Strauches ist der Pfeffer. An 8–14 cm langen Fruchtständen wachsen 30–60 kugelige Beeren. Schwarzer, weißer und grüner Pfeffer stammen übrigens von derselben Pflanze. Für schwarzen Pfeffer werden die unreifen grünen Beeren gepflückt und unter Einwirkung von Enzymen getrocknet, was sie schwarz und runzelig werden läßt. Wenn man die unreifen grünen Beeren gleich nach der Ernte in Salzlake oder Essig einlegt, behalten sie ihre Farbe. Für weißen Pfeffer weicht man die fast reifen roten Beeren in Meerwasser ein, läßt sie danach trocknen und entfernt die Schale. Alle Pfeffersorten enthalten Piperin, das für die pikante Schärfe sorgt, und ein ätherisches Öl, das den Duft des Pfeffers ausmacht. Schwarzer und grüner Pfeffer sind schärfer als weißer, da vor allem die Schale viel Piperin enthält. Grüner Pfeffer hat am meisten Aroma, weißer Pfeffer ist der feinste und mildeste. Ganze Pfefferkörner kann man lange lagern. Gemahlener Pfeffer verliert relativ schnell sein Aroma.

Indien exportiert jährlich etwa 25 Millionen Tonnen Pfeffer.

Scharf-saures Lammfleisch

Aus Goa · Braucht etwas Zeit

Vindaloo

Zutaten für 4–6 Portionen:
1 kg Lammkeule ohne Knochen
4 Zwiebeln
6 Knoblauchzehen
1 Stück frischer Ingwer (3 cm)
2 TL Kreuzkümmelsamen
2 getrocknete Chilischoten
1 TL schwarze Pfefferkörner
1 TL grüne Kardamomkapseln
1 Stück Zimtrinde (etwa 3 cm)
1 TL schwarze Senfsamen
1 TL Bockshornkleesamen
4 EL Weißweinessig oder Weißwein
2 TL brauner Zucker
Salz
4 EL Ghee (S. 26), ersatzweise Butterschmalz
1 TL Korianderpulver
1 TL Kurkumapulver

Zubereitungszeit: 1 Std. 20 Min. (ohne Ghee) (+ 45 Min. Garen)

Bei 6 Portionen pro Portion: 2000 kJ/480 kcal

1 Lammfleisch waschen, trockentupfen, von Fett und Sehnen befreien und in etwa 2 cm große Würfel schneiden. Zwiebeln schälen und in Ringe schneiden. Knoblauch und Ingwer schälen, Knoblauch fein hacken, Ingwer auf der Gemüsereibe fein reiben.

2 Für die Vindaloo-Paste Kreuzkümmel, Chilischoten, Pfefferkörner, Kardamom, Zimtrinde, Senfsamen und Bockshornklee im Mixer, einer Getreidemühle oder einer elektrischen Kaffeemühle mahlen.

3 Gemahlene Gewürze in eine Schüssel geben. Weißweinessig oder Weißwein, braunen Zucker und Salz dazugeben, alles gut mischen und beiseite stellen.

4 In einer Karai oder einem Topf 2 EL Ghee erhitzen, Zwiebeln darin bei starker Hitze dunkelbraun anbraten. Zwiebeln in einen Mixer geben und mit 4 EL Wasser fein pürieren. In die Schüssel zu den gemahlenen Gewürzen geben und gut verrühren, bis eine glatte Paste entstanden ist.

5 Ingwer und Knoblauch in einen Mixer geben und mit 4 EL Wasser pürieren.

6 Nochmals 2 EL Ghee in die Karai oder den Topf geben und stark erhitzen. Die Lammfleischwürfel portionsweise (so daß sie nicht übereinander liegen) bei starker Hitze unter Rühren 1–2 Min. anbraten. Auf einem Teller beiseite stellen.

7 Ingwer-Knoblauch-Paste in die Karai geben und bei mittlerer Hitze etwa 1 Min. anbraten. Koriander und Kurkuma dazugeben und etwa 1 Min. anbraten, dabei ständig rühren. Fleisch und Vindaloo-Paste unterrühren. 300 ml Wasser dazugießen und zum Kochen bringen.

8 Das Fleisch zugedeckt bei schwacher Hitze in etwa 45 Min. garen. Ab und zu umrühren. Mit Salz abschmekken und mit Basmatireis (S. 88), Naan (S. 96) oder Chapati (S. 98) servieren.

Info: Sie können dieses Gericht auch mit der gleichen Menge Rinderfilet oder Schweinefilet zubereiten. Die Christen, die an der westindischen Küste leben, essen das Gericht mit Schweinefleisch, Moslems und Hindus mit Lamm, so wie es in diesem Rezept beschrieben ist.

Tip! Vindaloo-Gerichte sind ziemlich scharf. Nehmen Sie weniger Chilischoten, wenn Sie das Gericht entschärfen wollen.

Hackfleisch mit Erbsen

Aus Maharashtra · Gelingt leicht

Keema Matar

Zutaten für 4 Portionen:
2 Kartoffeln, festkochend (etwa 200 g)
3 mittelgroße Zwiebeln
3 Knoblauchzehen
2 frische Chilischoten
1 Stück frischer Ingwer (3 cm) · 4 EL Öl
500 g Hackfleisch vom Lamm oder Rind
1 TL Kreuzkümmelpulver
2 TL Paprikapulver, edelsüß
¼ TL Chilipulver
1 TL Kurkumapulver · Salz
2 TL Tomatenmark
100 g Erbsen, tiefgefroren

Zubereitungszeit: 1 Std.
Pro Portion: 1800 kJ/430 kcal

1 Kartoffel waschen, schälen und in etwa 2 cm große Würfel schneiden. Würfel in eine Schüssel geben und zudecken. Zwiebeln und Knoblauch schälen und beides fein hacken. Chilischoten vom Stielansatz befreien und kleinschneiden. Danach Hände keinesfalls an die Augen oder Schleimhäute bringen, das brennt wie Feuer. Am besten die Hände sehr gründlich waschen.

2 Ingwer schälen und mit der Gemüsereibe fein reiben. Öl in einer Pfanne erhitzen und Zwiebeln darin bei mittlerer Hitze goldbraun anbraten. Knoblauch und Ingwer hinzufügen und etwa 1 Min. mitbraten. Hackfleisch, Chilischoten, Kreuzkümmel, Paprika, Chilipulver und Kurkuma mischen und nach und nach dazugeben. Alles etwa 5 Min. unter Rühren braten.

3 Reichlich Salz, 200 ml Wasser, Tomatenmark, tiefgefrorene Erbsen und Kartoffelwürfel dazugeben und alles zum Kochen bringen. Zugedeckt etwa 15 Min. bei schwacher Hitze garen, bis die Kartoffeln und die Erbsen weich sind und das Fleisch gar ist.

Tip! Zu diesem Gericht paßt besonders gut ein Gurken-Tomaten-Salat (S. 108).

Lammfleisch in Mandelsauce

Aus der Mogulenküche · Mild

Korma

Zutaten für 4 Portionen:
1 kg Lammfleisch ohne Knochen (Schulter oder Keule)
6 Knoblauchzehen
2 Stücke frischer Ingwer (je 3 cm)
40 g Mandelstifte · 3 Zwiebeln
6 EL Ghee (S. 26), ersatzweise Butterschmalz
6 grüne Kardamomkapseln · 4 Nelken
1 Stück Zimtrinde (etwa 3 cm)
2 TL Korianderpulver
2 TL Kreuzkümmelpulver
½ TL Chilipulver · Salz · 250 g Sahne
1 TL Garam Masala (S. 27)

Zubereitungszeit: 1 Std. (ohne Ghee) (+ 40 Min. Garen + 10 Min. für das Garam Masala)

Pro Portion: 4200 kJ/1000 kcal

1 Lammfleisch abwaschen, trockentupfen, von Fett und Sehnen befreien und in etwa 2 cm große Würfel schneiden. Knoblauch schälen und kleinschneiden. Ingwer schälen und kleinschneiden. Mandelstifte, Ingwer und Knoblauch mit 8 EL Wasser im Mixer pürieren.

2 Zwiebeln schälen und kleinschneiden. Ghee in einer Karai oder einem Topf erhitzen. Die Fleischwürfel darin portionsweise bei starker Hitze rundherum in etwa 5 Min. braun anbraten und auf einem Teller beiseite stellen.

3 Kardamom, Nelken und Zimt in das heiße Fett geben und kurz anbraten. Zwiebeln dazugeben und bei mittlerer Hitze dunkelbraun anbraten.

4 Ingwer-Knoblauch-Mandel-Paste, Koriander, Kreuzkümmel und Chilipulver dazugeben und in etwa 4 Min. hellbraun anbraten. Dabei ständig rühren.

5 Fleischwürfel wieder in die Karai oder den Topf geben und gut mit den Gewürzen vermischen. Reichlich Salz, Sahne und 50 ml Wasser hinzufügen und alles zum Kochen bringen. Das Gericht zugedeckt bei mittlerer Hitze in etwa 40 Min. garen, bis das Fleisch weich ist. Zwischendurch umrühren, damit das Fleisch nicht anbrennt.

6 Zum Schluß Garam Masala darüber streuen und das Gericht mit Reis warm servieren.

Hähnchencurry

Aus Uttar Pradesh · Gelingt leicht

Murg Kari

Zutaten für 4 Portionen:
1 frisches Hähnchen, küchenfertig vorbereitet (etwa 1,2 kg)
1 Kartoffel, festkochend (etwa 100 g)
2 mittelgroße Tomaten
2 frische Chilischoten
4 mittelgroße Zwiebeln
4 Knoblauchzehen
2 Stücke frischer Ingwer (je 3 cm)
5 EL Ghee (S. 26), ersatzweise Butterschmalz
1 Stück Zimtrinde (etwa 6 cm)
2 grüne Kardamomkapseln
2 Nelken · 2 Lorbeerblätter
½ TL Chilipulver
2 TL Kreuzkümmelpulver
1 TL Korianderpulver
2 EL Tomatenmark · 3 EL Joghurt
Salz · 1 TL Garam Masala (S. 27)

Zubereitungszeit: 1 Std. 10 Min. (+ 10 Min. für das Garam Masala)

Pro Portion: 2300 kJ/550 kcal

1 Hähnchen innen und außen waschen, die Haut entfernen und Hähnchen in etwa 4 x 4 cm große Stücke schneiden. Kartoffel waschen, schälen und in etwa 4 cm große Würfel schneiden. Tomaten waschen, vierteln und vom Stielansatz befreien.

2 Chilischoten vom Stielansatz befreien und längs mehrmals einschneiden. Vorsicht, danach Hände gründlich waschen, keinesfalls an die Augen bringen! Zwiebeln und Knoblauch schälen und fein hacken. Ingwer schälen und auf der Gemüsereibe fein reiben.

3 Ghee in einer Karai oder einem Topf erhitzen. Zwiebeln darin bei mittlerer Hitze dunkelbraun anbraten. Zimtrinde, Kardamom, Nelken und Lorbeerblätter dazugeben und etwa 2 Min. braten. Chilipulver, Kreuzkümmel und Koriander unterrühren und 2–3 Min. mitbraten. Chilischoten, Knoblauch und Ingwer dazugeben und alles gut mischen.

4 Tomatenviertel, Hähnchenstücke, Kartoffelwürfel, Tomatenmark und Joghurt hinzufügen und bei mittlerer Hitze etwa 5 Min. unter Rühren anbraten.

5 Salz und 400 ml Wasser dazugeben. Zum Kochen bringen, die Hähnchenteile dabei ständig wenden, damit sie gleichmäßig mit der Sauce überzogen werden. Alles bei schwacher Hitze etwa 20 Min. zugedeckt köcheln lassen, bis das Hähnchen gut durchgegart und die Kartoffel weich ist. Hin und wieder umrühren. Kurz vor dem Servieren Garam Masala über das Gericht streuen. Mit Basmatireis (S. 88) oder Chapati (S. 98) servieren.

Huhn in Mandelsauce

Aus Kashmir · Mild

Murg Man Pasand

Zutaten für 4–6 Portionen:
1 kg Hühnerbrustfilet
3–6 mittelgroße Zwiebeln
6 Knoblauchzehen
1 Stück frischer Ingwer (4 cm)
3 Tomaten
3 EL Ghee (S. 26), ersatzweise Butterschmalz
4 Nelken
4 Stücke Zimtrinde (je 5 cm)
6 grüne Kardamomkapseln
1½ TL Kreuzkümmelpulver
½ TL Korianderpulver
1 TL Kurkumapulver
¼ TL Chilipulver · Salz
3 EL geschälte, gemahlene Mandeln
2 Stengel frischer Koriander
1 EL Mandelstifte

Zubereitungszeit: 30 Min. (ohne Ghee) (+ 20 Min. Garen)

Bei 6 Portionen pro Portion: 1000 kJ/240 kcal

1 Hühnerbrustfilets abspülen, trockentupfen und in etwa 2½ cm große Quadrate schneiden. Zwiebeln schälen, halbieren und in dünne Halbringe schneiden. Knoblauchzehen schälen und durchpressen, Ingwer ebenfalls schälen und mit der Gemüsereibe fein reiben. Tomaten waschen, vierteln und vom Stielansatz befreien.

2 Ghee in einer Karai oder im Topf erhitzen. Zwiebeln hineingeben und bei mittlerer Hitze unter ständigem Rühren in etwa 10 Min. gleichmäßig braun anbraten. Knoblauch und Ingwer dazugeben und alles weitere 2 Min. rösten. Nelken, Zimtrinde und Kardamom dazugeben und etwa 2 Min. mitbraten.

3 Hühnchenstücke hinzufügen und unter ständigem Rühren etwa 5 Min. braten. Kreuzkümmel, Korianderpulver, Kurkuma, Chilipulver und reichlich Salz unterrühren.

4 Tomaten, gemahlene Mandeln und 250 ml heißes Wasser nach und nach dazugeben, umrühren und alles zum Kochen bringen. Bei schwacher Hitze etwa 20 Min. köcheln lassen, bis das Fleisch gut durchgegart und weich ist. Öfter umrühren.

5 Koriander waschen und trockenschütteln. Die Blätter abzupfen. Kurz vor dem Servieren das Gericht mit Korianderblättern und Mandelstiften garnieren. Warm mit Basmatireis (S. 88), Naan (S. 96) oder Chapati (S. 98) servieren.

Tandoori-Hähnchen

Tandoori Murg

Aus der Mogulenküche · Gelingt leicht

Zutaten für 4 Portionen:
1 kg frische Hähnchenteile (Schenkel und Brust)
10 EL Obstessig · Salz
1 Stück frischer Ingwer (4 cm)
3 Knoblauchzehen
500 g Joghurt (S. 31)
½ TL Chilipulver · 2 TL Paprikapulver
1 TL Kreuzkümmelpulver
1 TL Korianderpulver
½ TL schwarzer Pfeffer, frisch gemahlen
½ TL Kurkumapulver
1 TL Mußkatnuß, frisch gerieben
nach Belieben: etwa 1 Msp. rote Lebensmittelfarbe
außerdem: Alufolie

Zubereitungszeit: 20 Min. (ohne Joghurt) (+ 6–24 Std. Marinieren + 35 Min. Garen)

Pro Portion: 1400 kJ/330 kcal

1 Hähnchenteile waschen und enthäuten. Brusthälfte in zwei Teile schneiden. Jedes Fleischstück 3–4mal etwa ½ cm tief einschneiden, damit die Gewürze besser eindringen können. Hähnchenteile auf eine große, tiefe Platte legen, gründlich mit Essig einreiben und Salz darüber streuen.

2 Ingwer und Knoblauch schälen, Ingwer auf der Gemüsereibe fein reiben, Knoblauch durchpressen. Joghurt in eine große Schüssel geben, alle Gewürze (Chilipulver, Paprikapulver, Kreuzkümmel, Koriander, Pfeffer, Kurkumapulver und Muskatnuß) und nach Belieben die Lebensmittelfarbe dazugeben und gut vermischen. Hähnchenteile hineingeben und etwa 6 Std. bei Zimmertemperatur oder über Nacht zugedeckt im Kühlschrank marinieren lassen.

3 Den Backofen auf 180° (Gas Stufe 2) vorheizen. Ein Backblech mit Alufolie belegen, Hähnchenteile darauf legen.

4 Hähnchenteile im Backofen (Mitte) in etwa 35–40 Min. garen. Zwischendurch öfters mit Marinade bestreichen. Nach etwa 30 Min. ein Stück vom Fleisch abschneiden und prüfen, ob es gut durchgegart ist. Warm servieren.

Info: Die rote Lebensmittelfarbe gehört traditionell zum Tandoori-Hähnchen. Natürlich können Sie sie auch weglassen.

Tandoor

Das Ursprungsland des Tandoor-Ofens ist wahrscheinlich der nördliche Teil Irans. Heute wird er in vielen Gegenden Indiens verwendet. Der Tandoor ist ein einfacher, faßförmiger, gemauerter Lehmofen, der oft in den Boden versenkt ist. Er wird mit Holzkohle oder Holz sehr stark aufgeheizt. Ursprünglich wurde der Tandoor zum Brotbacken gebaut. Das tropfenförmige Naan-Brot wird an den Innenrand des Ofens gedrückt und in wenigen Minuten fertig gebacken. Später begann man damit, auch Fleisch und Geflügel im Tandoor zu garen. Das Fleisch bleibt saftig und bekommt durch den Lehmofen ein besonderes, erdiges Aroma. Die Fleisch- oder Geflügelstücke mariniere ren vor dem Garen lange in Joghurt. Dadurch wird das Fleisch besonders zart. Im Inneren des Tandoors herrschen so hohe Temperaturen, daß das Tandoori-Hähnchen in 10 Min. gar ist.

Neben dem Tandoor (links) steht ein tragbarer Kohleofen fürs Picknick.

Fisch in Zwiebelsauce

Aus Westbengalen · Gelingt leicht

Maccher Kalia

Zutaten für 4 Portionen:
1 kleine Lachsforelle (etwa 1 kg), küchenfertig vorbereitet, ersatzweise 800 g Filet
Salz
1 TL Kurkumapulver
3 mittelgroße Zwiebeln
3 mittelgroße Tomaten
1 Stück frischer Ingwer (4 cm)
2 frische Chilischoten
2 Knoblauchzehen
3 EL Ghee (S. 26), ersatzweise Butterschmalz
2 Lorbeerblätter
½ TL Kreuzkümmelsamen
2 EL Joghurt (S. 31)
2 TL Senföl
1 TL Garam Masala (S. 27)

Zubereitungszeit: 40 Min. (ohne Ghee und ohne Joghurt) (+ 10 Min. für das Garam Masala)

Pro Portion: 1600 kJ/380 kcal

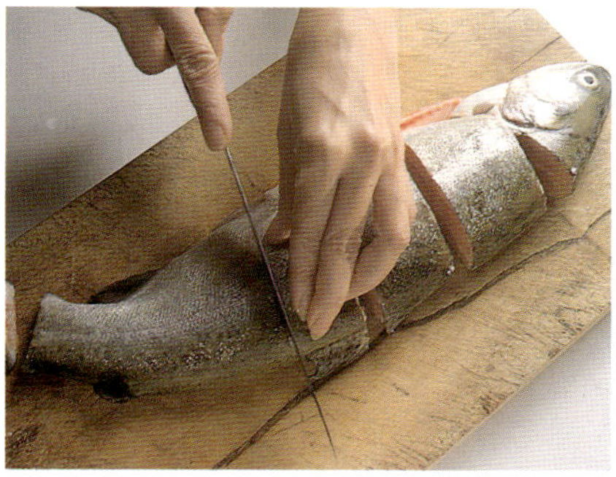

1 Fisch waschen, trockentupfen, Kopf und Schwanz abschneiden und Lachsforelle quer in etwa 6 cm große Stücke schneiden. Die Fischstücke auf einem Teller mit etwas Salz und ½ TL Kurkuma bestreuen und ruhen lassen.

2 Inzwischen Zwiebeln schälen und kleinschneiden. Tomaten waschen, vierteln und Stielansätze entfernen. Ingwer schälen und auf der Gemüsereibe fein reiben. Chilischoten waschen, vom Stielansatz befreien und längs ein paarmal einschneiden. Danach mit den Händen nicht in die Nähe der Augen kommen, am besten die Hände sehr gründlich waschen! Knoblauch schälen und fein hacken.

3 In einer Karai oder einem Topf Ghee erhitzen, Lorbeerblätter und Kreuzkümmel etwa 1 Min. bei starker Hitze anbraten. Zwiebeln dazugeben und dunkelbraun anbraten. Nach und nach bei mittlerer Hitze unter ständigem Rühren Ingwer, Knoblauch, Chilischoten und ½ TL Kurkuma dazugeben und etwa 2 Min. braten.

4 Tomatenviertel und Joghurt hinzufügen und unter Rühren etwa 3 Min. erhitzen. 150 ml Wasser dazugießen und alles zum Kochen bringen. Sobald die Sauce kocht, die Temperatur reduzieren, etwas Salz hinzufügen und die Fischstücke mit einem Pfannenwender vorsichtig hineinlegen. Mit einem Schöpflöffel Sauce auf die Fischstücke geben, bis sie ganz bedeckt sind. Das Gericht zugedeckt bei schwacher Hitze in etwa 10 Min. garziehen lassen.

5 Fisch etwas abkühlen lassen, Senföl darüber träufeln und Garam Masala darüber streuen. Fischstücke vorsichtig in der Sauce wenden, damit sie nicht zerfallen. Sofort mit Basmatireis (S. 88) oder Kotschuri (S. 100) servieren. Zu diesem Gericht passen Lime-Pickles oder Bananen-Kokosnuß-Joghurt (S. 110).

Fisch in Joghurtsauce

Aus Westbengalen · Gelingt leicht

Vape Macch

Zutaten für 4 Portionen:
1 Karpfen (etwa 1 kg), küchenfertig vorbereitet (evtl. vom Fischhändler zerteilen lassen)
6 TL schwarze Senfsamen
Salz
2–3 frische oder getrocknete Chilischoten
3 EL Joghurt (S. 31)
¼ TL Chilipulver
2 EL Senföl
½ TL Kurkumapulver
½ TL Zwiebelsamen

Zubereitungszeit: 20 Min. (ohne Joghurt) (+ 25 Min. Garen)

Pro Portion: 1400 kJ/330 kcal

1 Karpfen waschen und trockentupfen. Von Kopf und Schwanzende befreien und quer in Stücke von etwa 2 cm Breite schneiden.

2 Senfsamen mit einer Prise Salz in einer elektrischen Kaffeemühle oder im Mixer mahlen und beiseite stellen. Chilischoten waschen, vom Stielansatz befreien und ein paarmal der Länge nach einschneiden. Danach Hände keinesfalls an die Augen oder Schleimhäute bringen, das brennt wie Feuer!

3 Joghurt in einen mittelgroßen Topf geben, mit Senfsamen, Chilipulver, Senföl, etwas Salz, Kurkumapulver, Zwiebelsamen und Chilischoten gut verrühren. Fisch dazugeben und etwas Sauce mit einem Kochlöffel darüber geben. Den Topf zudecken.

4 In einen größeren Topf, in den der Topf mit dem Fisch gut hineinpaßt, 1–1 ½ l Wasser geben und zum Kochen bringen. Die Temperatur reduzieren und den kleineren Topf mit dem Fisch in den größeren hineinstellen, den großen Topf zudecken. Den Fisch zugedeckt im Wasserbad bei schwacher Hitze in etwa 25 Min. garen. Sofort mit Reis servieren.

Chilischoten

Der Chilistrauch wird schon seit vielen Jahrhunderten in Amerika kultiviert. Durch die Portugiesen kam er nach Indien, wo er inzwischen auch in großen Mengen angebaut wird. Die nur 1–5 cm langen Früchte, die Chilischoten, sind aus der indischen Küche gar nicht wegzudenken. Unreif sind sie grün, während der Reife verfärben sie sich von gelb über orangerot bis hin zu bräunlich. Sie sind viel schärfer als ihre Verwandten, die Gewürzpaprikaschoten. Die Schärfe kommt von dem Wirkstoff Capsaicin und kann etwas gemildert werden, wenn man vor dem Kochen die Kerne aus den Schoten entfernt. Außerdem enthalten Chilischoten Eiweiß, Kohlenhydrate, Mineralstoffe, Provitamin A und Vitamin C. Sie wirken verdauungsfördernd und desinfizierend. Die Früchte werden frisch verwendet, getrocknet oder in Essig eingelegt. Die getrockneten Früchte ergeben gemahlen Chilipulver, ein Gewürz, das sich durch seine brennende Schärfe auszeichnet und auch nur in winzigen Mengen verwendet werden sollte. Außerdem werden Chilischoten in Indien für viele Gewürzmischungen verwendet und zu köstlichen, scharfen Gewürzpasten verarbeitet.

Unmengen an Chilischoten werden in Rajasthan geerntet.

Fisch in pikanter Senfsauce

Aus Westbengalen · Scharf

Macchli Kari

Zutaten für 4 Portionen:
800 g frisches Fischfilet (Seelachs-, Kabeljau- oder Rotbarschfilet)
2 mittelgroße Tomaten
2 mittelgroße Kartoffeln, festkochend
2 frische Chilischoten
3 TL Senfmehl
1 Stück frischer Ingwer (4 cm)
6 EL Senföl · 2 TL Kurkumapulver
2 TL Kreuzkümmelpulver
2 TL Paprikapulver, edelsüß
¼ TL Chilipulver
4 EL Joghurt (S. 31) · Salz

Zubereitungszeit: 40 Min. (ohne Joghurt)

Pro Portion: 1400kJ/330 kcal

1 Fischfilet kalt abspülen, trockentupfen und in 4 Portionen teilen. Tomaten waschen, vierteln und von den Stielansätzen befreien. Kartoffeln waschen, schälen und in etwa 1 x 6 cm lange Stücke (wie Pommes Frites) schneiden. Chilischoten waschen, Stielansatz entfernen und kleinschneiden. Vorsicht, die Hände keinesfalls an die Augen bringen!

2 Senfmehl in einer Tasse mit 6 EL Wasser verrühren und beiseite stellen. Ingwer schälen und fein reiben.

3 Senföl in einer großen Pfanne erhitzen. Chilischoten, Ingwer, Kurkuma, Kreuzkümmel, Paprika und Chilipulver dazugeben. Bei schwacher Hitze unter Rühren etwa 5 Min. anrösten.

4 Joghurt und Tomatenviertel dazugeben und weitere 5 Min. bei mittlerer Hitze unter ständigem Rühren mitbraten, bis eine hellbraune Paste entsteht. 150 ml Wasser dazugießen und unter ständigem Rühren zum Kochen bringen.

5 Kartoffeln und das Senfwasser (ohne die Schalen) unterrühren und etwa 5 Min. kochen lassen. Salz dazugeben und die Fischfilets vorsichtig in die Pfanne legen. Mit leicht geöffnetem Deckel bei schwacher Hitze etwa 10 Min. ziehen lassen, bis der Fisch und die Kartoffeln gar sind. Zwischendurch immer wieder etwas Sauce über die Kartoffeln und den Fisch schöpfen. Das Gericht mit Basmatireis (S. 88) servieren.

Ausgebackener Fisch

Aus Orissa · Gelingt leicht

Tali Maach

Zutaten für 4 Portionen:
800 g frisches Fischfilet (Seelachs-, Goldbarsch-, Rotbarsch- oder Kabeljaufilet)
Salz · 1 TL Kurkumapulver
2 Knoblauchzehen
150 g Kichererbsenmehl
1 TL Kreuzkümmelpulver
1 TL Paprikapulver, rosenscharf
½ TL schwarzer Pfeffer, frisch gemahlen
½ l Öl zum Fritieren

Zubereitungszeit: 30 Min. (ohne Ghee)

Pro Portion: 2000kJ/480 kcal

1 Fischfilets kalt abspülen und mit Küchenpapier trockentupfen. Anschließend in etwa 6 x 6 cm große Stücke schneiden, diese auf einen großen Teller legen und mit etwas Salz und ½ TL Kurkuma bestreuen. Ruhen lassen.

2 Inzwischen Knoblauchzehen schälen, Kichererbsenmehl in eine Schüssel geben und ½ TL Kurkuma, Kreuzkümmel, Paprikapulver, jeweils etwas Salz und Pfeffer dazugeben. Knoblauch durch die Presse dazudrücken. 150 ml Wasser langsam dazugießen und mit einem Schneebesen schlagen, bis ein glatter, dickflüssiger Teig entstanden ist.

3 Öl in einer Karai, einem Topf oder einer Friteuse erhitzen. Es ist heiß genug, wenn ein Teigtropfen sofort zischend an die Oberfläche steigt.

4 Fischfiletstücke vorsichtig in den Teig tauchen und dann mit einem Pfannenheber in das heiße Fett legen. Auf jeder Seite etwa 4 Min. fritieren, bis der Teig goldbraun ist. Herausnehmen und auf Küchenpapier entfetten. Mit Minzsauce (S. 116) und Tomatenchutney (S. 115) warm servieren.

Riesengarnelen mit Kokos

Aus Kerala · Etwas schwieriger

Jhinga Malai

Zutaten für 4 Portionen:
12–16 frische rohe Riesengarnelen
4 kleine Zwiebeln
2 EL Ghee (S. 26), ersatzweise Butterschmalz
1 TL Garam Masala (S. 27)
1 TL Kurkumapulver
½ TL Chilipulver
2 Lorbeerblätter
2 Stücke Zimtrinde (je 6 cm)
2 grüne Kardamomkapseln
2 Nelken
1 Dose ungesüßte Kokosmilch (375 ml)
Salz
1 TL Zucker
nach Belieben: Zitronenscheiben zum Garnieren

Zubereitungszeit: 30 Min. (ohne Ghee)
(+ 15 Min Garen
+ 10 Min. für das Garam Masala)

Pro Portion: 1100 kJ/260 kcal

1 Rohe Riesengarnelen schälen. Dazu von der Unterseite her den Panzer knacken und Panzerglied für Panzerglied entfernen.

2 Das letzte Panzerglied mit dem Schwanz am Körper belassen, das sieht schöner aus. Garnelen am Rücken etwas einschneiden und den schwarzen fadenförmigen Darm am Rücken der Garnelen entfernen. Garnelen kalt abwaschen.

3 Zwiebeln schälen, 2 Zwiebeln kleinschneiden, 2 Zwiebeln pürieren.

4 Ghee in einer großen, schweren Pfanne erhitzen. Garam Masala dazugeben und bei mittlerer Hitze etwa 1 Min. anrösten. Feingehackte Zwiebeln dazugeben und dunkelbraun anbraten. Nach und nach pürierte Zwiebeln, Kurkuma, Chilipulver, Lorbeerblätter, Zimtrinde, Kardamomkapseln und Nelken hinzufügen und alles bei schwacher bis mittlerer Hitze etwa 2 Min. anbraten. Dabei ständig umrühren.

5 200 ml Kokosmilch, Salz und Zucker dazugeben und gut mischen. Riesengarnelen in die Sauce legen, vorsichtig wenden und bei schwacher Hitze in 10–15 Min. (je nach Größe) zugedeckt garen.

6 Die restliche Kokosmilch daruntermischen und einmal kurz aufkochen lassen. Riesengarnelen nach Belieben mit einigen dünnen Zitronenscheiben garnieren. Mit Reis oder Puri (S. 99) warm servieren.

Variante: Sie können das Gericht auch mit Hummer zubereiten. Sie brauchen 2 rohe Hummer (je etwa 500 g). Den Panzer knacken, das Fleisch aus dem Schwanz und den Scheren vorsichtig herauslösen. Innereien entfernen. Dann kalt abwaschen und abtropfen lassen. Die weitere Zubereitung bleibt gleich, die Garzeit beträgt etwa 20 Min.

Tips! Je größer die Riesengarnelen sind, um so saftiger und köstlicher sind sie. Wenn Sie das Gericht mit kleineren Garnelen machen, verkürzt sich die Garzeit. Wenn Sie das Gericht etwas schärfer mögen, verwenden Sie mehr Chilipulver.

927
931
928
914

VEGETARISCHES MIT GEMÜSE, EIERN & REIS

Da sich in Indien sehr viele Menschen aus religiösen Gründen vegetarisch ernähren, ist die vegetarische Küche besonders abwechslungsreich. Es gibt daher eine Fülle von köstlichen Gerichten mit Gemüse, Eiern und Reis, bei denen wohl niemand das Fehlen von Fleisch oder Fisch bemängeln kann. Die Inder essen Gemüse immer frisch. Sehr beliebt und verbreitet sind Auberginen, Weißkohl, Möhren, Kartoffeln, Bohnen, Spinat und Okra. Auch die Zubereitungsmöglichkeiten sind recht vielfältig. Es gibt »trockenes« Gemüse, d. h. kleingeschnittenes Gemüse wird mit unzerkleinerten Gewürzen in Fett angebraten. Gemüse, das mit gemahlenen Gewürzen in Flüssigkeit gekocht wird, heißt »feuchtes« Gemüse.

Eier sind in Indien sehr beliebt und in der fleischlosen Küche natürlich wichtige Eiweißlieferanten. Reis wird in Indien mindestens einmal am Tag gegessen. Sehr beliebt ist Polao, festlicher Reis, der z. B. mit Safran, Nüssen und Rosinen zubereitet wird (S. 89), oder Khitschuri, ein köstlicher Eintopf aus Reis, Gemüse und Dal (S. 90). Die beliebteste Reissorte in Indien ist der Basmatireis, der in den Tälern des Himalaya angebaut wird und nicht nur einen besonderen Duft, sondern auch ein köstliches Aroma hat.

Weißkohl mit Erbsen

Aus Bihar · Gelingt leicht

Bandha Gobi

Zutaten für 4 Portionen:
½ Weißkohl (etwa 500 g)
250 g Kartoffeln, festkochend
2 mittelgroße Tomaten
5 EL Ghee (S. 26), ersatzweise Butterschmalz
3 Lorbeerblätter
½ TL Kreuzkümmelsamen
1 TL Kurkumapulver
½ TL Chilipulver
1½ TL Kreuzkümmelpulver
1 TL Korianderpulver
Salz · ½ TL Zucker
150 g Erbsen, tiefgefroren
etwas Joghurt (S. 31) mit Chilipulver

Zubereitungszeit: 50 Min.

Pro Portion: 910 kJ/220 kcal

1 Vom Weißkohl die äußeren Blätter und den Strunk entfernen, Kohl waschen, abtropfen lassen und fein hobeln. Kartoffeln waschen, schälen und in etwa 1 cm große Würfel schneiden. Tomaten waschen, vom Stielansatz befreien und kleinschneiden.

2 Ghee in einer Karai oder einem Topf erhitzen, Lorbeerblätter und Kreuzkümmelsamen hineingeben und bei mittlerer Hitze etwa 1 Min. anbraten.

3 Weißkohl und Kartoffelwürfel dazugeben und etwa 3 Min. unter ständigem Rühren braten. Hitze etwas reduzieren.

4 Kurkuma, Chilipulver, Kreuzkümmelpulver, Koriander, Tomaten, reichlich Salz und Zucker nach und nach dazugeben. Alles gut verrühren.

5 Das Gericht zugedeckt etwa 15 Min. bei schwacher Hitze schmoren. Erbsen dazugeben und in etwa 10 Min. zugedeckt garen, bis das Gemüse weich ist. Bei Bedarf etwas Wasser hinzufügen. Hin und wieder umrühren, damit das Gemüse nicht anbrennt. Weißkohl mit Reis oder indischem Brot und etwas Joghurt mit Chilipulver servieren.

Kartoffelcurry mit Mohn

Aus Westbengalen · Gelingt leicht

Alu Posto

Zutaten für 4 Portionen:
750 g Kartoffeln, festkochend
3 frische Chilischoten
1 Stück frischer Ingwer (4 cm)
5 EL weißer Mohnsamen
5 EL Senföl
1½ TL Kurkumapulver
1½ TL Paprikapulver, edelsüß
¼ TL Chilipulver · Salz
nach Belieben: einige Gurkenscheiben und halbierte Zwiebelringe zum Garnieren

Zubereitungszeit: 35 Min.

Pro Portion: 1200 kJ/290 kcal

1 Kartoffeln waschen, schälen und in etwa 2 cm große Würfel schneiden. Chilischoten waschen und kleinschneiden, Stielansätze entfernen. Vorsicht, die Hände nicht an die Augen oder Schleimhäute bringen, das brennt wie Feuer. Hände sofort gründlich waschen!

2 Ingwer schälen und auf der Gemüsereibe fein reiben. Weißen Mohnsamen mit der Gewürzmühle fein mahlen.

3 Senföl in einer Karai oder einem Topf erhitzen. Kartoffelwürfel hineingeben und bei mittlerer Hitze etwa 5 Min. unter Rühren anbraten.

4 Chilischoten, Ingwer, Kurkuma, Paprika und Chili zu den Kartoffeln geben und etwa 3 Min. unter Rühren anbraten, bis die Gewürze dunkelbraun sind. (Sie müssen die ganze Zeit rühren, die Gewürze brennen sonst an). Notfalls den Topf von der Platte nehmen.) ½ l Wasser dazugießen, reichlich Salz dazugeben und gut verrühren. Etwa 5 Min. bei starker Hitze kochen lassen.

5 Gemahlenen Mohn darüber streuen und gut verrühren. Das Gericht bei schwacher Hitze etwa 10 Min. köcheln lassen, bis die Kartoffeln weich sind. Hin und wieder umrühren, damit das Gemüse nicht anbrennt. Das Curry mit Puri (S. 99) oder Reis servieren, nach Belieben mit Gurkenscheiben und halbierten Zwiebelringen garnieren.

Variante: Das Gericht schmeckt sehr gut, wenn Sie weniger Kartoffeln und dafür Zucchini verwenden. Sie brauchen 400 g Kartoffeln und 350 g Zucchini. Zucchini waschen und in etwa 2 cm große Würfel schneiden. Die Kartoffeln zubereiten wie oben beschrieben, die Zucchini nach dem Mohn dazugeben.

Kartoffel-Blumenkohl-Curry

Aus Uttar Pradesh · Gelingt leicht

Alu Gobi

Zutaten für 4 Portionen:
1 kleiner Blumenkohl (etwa 500 g)
350 g Kartoffeln, festkochend
2 mittelgroße Zwiebeln
1 Stück frischer Ingwer (4 cm)
2 mittelgroße Tomaten
2 frische Chilischoten · 6 EL Öl
2 TL Panch Foron (Fünfgewürzmischung)
1½ TL Kurkumapulver
1½ TL Kreuzkümmelpulver
2 TL Paprikapulver, edelsüß
¼ TL Chilipulver
200 g Erbsen, tiefgefroren
3 EL Joghurt (S. 31) · Salz
1 TL Garam Masala (S. 27)

Zubereitungszeit: 50 Min.
(+ 10 Min. für das Garam Masala)
Pro Portion: 1200 kJ/290 kcal

1 Blumenkohl waschen und in Röschen von etwa 5 cm Länge und 4 cm Durchmesser schneiden. Kartoffeln waschen, schälen und in etwa 3 cm große Würfel schneiden. Zwiebeln schälen und kleinschneiden.

2 Ingwer schälen und auf der Gemüsereibe fein reiben. Tomaten waschen, vierteln und vom Stielansatz befreien. Chilischoten waschen und kleinschneiden, Stielansatz entfernen. Danach die Hände nicht an die Augen oder Schleimhäute bringen!

3 Öl in einer Karai oder einem Topf erhitzen. Fünfgewürzmischung und Zwiebeln dazugeben und bei mittlerer Hitze unter Rühren anbraten, bis die Zwiebeln dunkelbraun sind.

4 Kartoffelwürfel, Blumenkohlröschen und Chilischoten hinzufügen und bei mittlerer Hitze unter Rühren etwa 3 Min. anbraten. Kurkuma, Kreuzkümmel, Paprika, Chilipulver und geriebenen Ingwer dazugeben und alles weitere 3–4 Min. braten.

5 Tomaten, Erbsen und Joghurt dazugeben. Alles gut verrühren. ¼ l Wasser und reichlich Salz hinzufügen und das Gericht bei mittlerer Hitze etwa 20 Min. zugedeckt kochen lassen, bis Blumenkohl und Kartoffeln weich sind. Hin und wieder umrühren, damit das Gemüse nicht anbrennt.

6 Zum Schluß Garam Masala darüber streuen. Das Gericht mit Reis oder Puri (S. 99) servieren.

Spinat mit Käsewürfeln

Aus dem Punjab · Mild

Palak Paneer

Zutaten für 4–6 Portionen:
200 g fester Paneer (S. 28), nach Belieben mehr · 5 EL Öl
800 g frischer Spinat oder 600 g tiefgefrorener Blattspinat
1 Zwiebel · 2 Knoblauchzehen
1 Stück frischer Ingwer (3 cm)
2 TL Korianderpulver
1 TL Kurkumapulver
2 TL Kreuzkümmelpulver
½ TL Chilipulver · Salz
½ TL Zucker · 200 g Sahne

Zubereitungszeit: 45 Min.
(ohne Paneer)
Bei 6 Portionen pro Portion:
1300 kJ/310 kcal

1 Paneer trocknen lassen und in 1 cm große Würfel schneiden (wie im Grundrezept beschrieben). Öl in einer Karai oder Pfanne erhitzen und die Paneerwürfel bei mittlerer Hitze unter Rühren in etwa 4 Min. leicht braun anbraten. Herausnehmen und beiseite stellen. Öl in der Karai lassen.

2 Frischen Spinat putzen, waschen, abtropfen lassen und nach Belieben kleinschneiden. Gefrorenen Spinat auftauen lassen und evtl. kleinschneiden. Zwiebel schälen, längs halbieren und in Halbringe schneiden. Knoblauch schälen und zerdrücken. Ingwer schälen und fein reiben.

3 Zwiebel, Knoblauch und Ingwer im restlichen Öl bei mittlerer Hitze in 3–5 Min. goldbraun anbraten. Koriander, Kurkuma, Kreuzkümmel und Chilipulver hinzufügen und etwa 2 Min. rösten. Gehackten Spinat dazugeben und zugedeckt bei mittlerer Hitze etwa 10 Min. garen.

4 Reichlich Salz und Zucker zum Spinat geben und gut vermischen. Sahne und gebratene Paneerwürfel dazugeben und weitere 5 Min. zugedeckt bei schwacher Hitze dünsten. Mit Reis oder Chapati (S. 98) warm servieren.

Okra mit Kokosnuß

Aus Gujarat · Mild

Bhindi Sabji

Zutaten für 6 Portionen:
500 g Okras
2 mittelgroße Zwiebeln
2 Knoblauchzehen
4 mittelgroße reife Tomaten
1 Stück frischer Ingwer (4 cm)
4 EL Ghee (S. 26), ersatzweise Butterschmalz
1 TL Kreuzkümmelpulver
1 TL Korianderpulver
½ TL Kurkumapulver
1 TL Paprikapulver, edelsüß
¼ TL Chilipulver
½ TL Fenchelsamen, frisch gemahlen · Salz
1 Dose ungesüßte Kokosmilch (375 ml)

Zubereitungszeit: 1 Std. (ohne Ghee) (+ 25 Min. Garen)
Pro Portion: 440 kJ/100 kcal

1 Okras waschen, gut abtrocknen, die Spitze und den harten Stielansatz abschneiden. Okras in etwa 2 cm lange Stücke schneiden.

2 Zwiebeln und Knoblauch schälen und fein schneiden. Tomaten waschen, vom Stielansatz befreien und in etwa 2 cm große Stücke schneiden. Ingwer schälen und fein reiben.

3 Ghee in einer Karai oder einem Topf erhitzen. Zwiebeln hineingeben und bei mittlerer Hitze hellbraun anbraten. Knoblauch und Ingwer dazugeben und unter ständigem Rühren bei starker Hitze braten, bis die Zwiebeln dunkelbraun sind.

4 Kreuzkümmel, Koriander, Kurkuma, Paprika, Chili und Fenchel dazugeben und 3–4 Min. rösten. Geschnittene Okras hinzugeben und bei mittlerer Hitze etwa 3 Min. anbraten.

5 Tomaten, reichlich Salz und Kokosmilch nach und nach dazugeben. Alle Zutaten verrühren und einmal aufkochen lassen. Hitze reduzieren und das Gericht zugedeckt bei schwacher Hitze etwa 25 Min. köcheln lassen, bis die Okras weich sind. Evtl. etwas Wasser dazugießen. Mit Basmatireis (S. 88) oder indischem Brot warm servieren.

Info: Okras stammen ursprünglich aus Ostafrika, sind heute aber weit verbreitet und auch in Indien sehr beliebt. Die kalorienarmen Früchte enthalten Kohlenhydrate, Eiweiß, wenig Fett, einige Mineralstoffe und Vitamine.

Kürbis mit Kichererbsen

Aus Bengalen · Braucht etwas Zeit

Kumro Chola

Zutaten für 4 Portionen:
50 g Kala Chana (braune Kichererbsen)
1 kg Riesenkürbis
3 mittelgroße Kartoffeln, festkochend
2 Zwiebeln · 2 Knoblauchzehen
6 EL Öl · 1 TL Kreuzkümmelsamen
1 TL Kurkumapulver
1 TL Paprikapulver, edelsüß
1 TL Korianderpulver
½ TL Chilipulver · Salz
1 TL Zucker · 2 TL Garam Masala (S. 27)

Zubereitungszeit: 50 Min. (+ 12 Std. Einweichen + 10 Min. für das Garam Masala)
Pro Portion: 1300 kJ/310 kcal

1 Braune Kichererbsen in ¼ l Wasser über Nacht einweichen.

2 Kürbis waschen, schälen und in 3 cm große Würfel schneiden. Kartoffeln waschen, schälen und in etwa 2½ cm große Würfel schneiden. Zwiebeln schälen, längs halbieren und in feine Halbringe schneiden. Knoblauch schälen und durchpressen.

3 Öl in einem tiefen Topf erhitzen. Kreuzkümmelsamen hineingeben und bei mittlerer Hitze in etwa 1 Min. hellbraun anrösten. Zwiebeln und Knoblauch hinzufügen und unter Rühren mitbraten, bis die Zwiebeln dunkelbraun sind. Die Kartoffelstücke hinzufügen und etwa 2 Min. unter ständigem Rühren anbraten.

4 Gemahlene Gewürze nach und nach hinzufügen und etwa 2 Min. rösten. Kichererbsen, ¼ l Wasser, reichlich Salz und Zucker hineingeben und bei mittlerer Hitze zugedeckt etwa 5 Min. kochen lassen. Kürbis dazugeben und weitere 5–7 Min. zugedeckt kochen, bis alles gar ist. Zwischendurch umrühren. Kurz vor dem Servieren Garam Masala unterrühren. Paratha (S. 104) paßt gut zu diesem Gericht.

Spinat mit Zwiebeln

Aus Uttar Pradesh · Geht schnell

Mughlai Sag

Zutaten für 6 Portionen:
800 g frischer Spinat oder 600 g tiefgefrorener Blattspinat
2 mittelgroße Zwiebeln
1 Stück frischer Ingwer (3 cm)
2 Knoblauchzehen
4 EL Ghee (S. 26), ersatzweise Butterschmalz
¼ TL Chilipulver
1 TL Kreuzkümmelpulver
1 TL Kurkumapulver
1 TL Korianderpulver
Salz · 125 g Sahne

Zubereitungszeit: 35 Min. (ohne Ghee) (+ 15 Min. Garen)

Pro Portion: 660 kJ/160 kcal

1 Frischen Spinat gründlich putzen, waschen und abtropfen lassen. Nach Belieben kleinschneiden. Tiefgefrorenen Spinat evtl. auch kleinschneiden. Zwiebeln schälen und in dünne Ringe schneiden. Ingwer schälen und fein reiben. Knoblauch schälen und durch die Presse zum Ingwer drücken.

2 Ghee in einer Karai oder Pfanne erhitzen. Zwiebeln hineingeben und bei mittlerer Hitze dunkelbraun anbraten. Ingwer und Knoblauch dazugeben und etwa ½ Min. anbraten.

3 Chilipulver, Kreuzkümmel, Kurkuma und Koriander hinzufügen und bei starker Hitze etwa 1 Min. rösten. Spinat portionsweise in die Karai geben. Wenn er nach etwa ½ Min. zusammengefallen ist, die nächste Portion hinzufügen. Reichlich Salz dazugeben. Das Gericht bei mittlerer Hitze zugedeckt etwa 15 Min. köcheln lassen.

4 Zum Schluß Sahne vorsichtig unterrühren. Das Gericht mit Chapati (S. 98) oder Naan (S. 96) und Bananen-Kokosnuß-Joghurt (S. 110) servieren.

Variante: Sie können statt 800 g Spinat auch 400 g Spinat und 400 g Grünkohl verwenden. Die Zubereitung ist dieselbe.

Nur in gemahlenem Zustand hat Kurkuma die kräftig gelbe Farbe.

Kurkuma

Kurkuma, auch Gelbwurz genannt, ist der Wurzelstock der in Südindien beheimateten, mit Ingwer verwandten Kurkumapflanze, die über 2 m hoch wird. Sowohl die Wurzelknollen als auch die Seitentriebe der Wurzeln werden verkauft, daher gibt es Kurkuma in runder und in langer Form. Die Wurzeln werden gesäubert, getrocknet und dann im Ganzen oder gemahlen angeboten. Gemahlenes Kurkuma hat eine kräftig gelbe Farbe und ist ein wichtiger Bestandteil des Currypulvers. Kurkuma würzt fast alle indischen Gerichte und ist auch sehr wichtig in der vegetarischen Küche. Es wird in kleinen Mengen verwendet und verleiht den Speisen ein leicht bitteres, pikantes Aroma. Kurkuma enthält 5% ätherisches Öl, Bitterstoff und Harz. In der ayurvedischen Medizin gilt Kurkuma als harntreibendes Mittel, außerdem wirkt es appetitanregend und verdauungsfördernd. Wegen seiner tiefgelben Farbe, die von dem Farbstoff Curcumin kommt, wird Kurkuma auch im Kosmetikbereich eingesetzt. Das Gewürz ist lichtempfindlich, sollte also in einem dunklen Glas aufbewahrt werden.

Gebackene Auberginen

Aus Andhra Pradesh · Gelingt leicht

Baigan Pora

Zutaten für 2 Portionen (reicht als Beilage für 4 Portionen):
600 g Auberginen
1 mittelgroße Zwiebel
2 frische Chilischoten
1 Stück frischer Ingwer (3 cm)
Salz
1 EL Senföl
Nach Belieben: ein Bananenblatt, 2–3 Zwiebelringe, 2 Chilischoten

Zubereitungszeit: 20 Min. (+ 35 Min. Backen)

Pro Portion: 530kJ/130 kcal

1 Den Backofen auf 200° (Gas Stufe 3) vorheizen. Auberginen waschen, vom Stielansatz befreien und abtrocknen. Rundherum achtmal längs mit einem Messer etwa 1 cm tief einschneiden, auf ein Backblech legen, in den vorgeheizten Backofen (Mitte) geben und etwa 35 Min. backen.

2 Inzwischen Zwiebel schälen und kleinschneiden. Chilischoten waschen, trockentupfen und kleinschneiden, Stielansätze entfernen. Vorsicht, die Hände keinesfalls an die Augen oder Schleimhäute bringen, das brennt wie Feuer! Ingwer schälen und auf der Gemüsereibe fein reiben.

3 Wenn die Auberginen weich sind, aus dem Backofen nehmen. Auf ein Holzbrett legen, abkühlen lassen, mit einem Messer die Haut abziehen und das Fruchtfleisch mit einer Gabel zerdrücken und in eine Schüssel geben.

4 Zwiebel, Chilischoten, Ingwer, reichlich Salz und Senföl dazugeben und verrühren. Eine Servierschale mit dem abgewischten Bananenblatt auslegen. Das Auberginenmus darauf geben und mit Zwiebelringen und Chilischoten verzieren. Mit indischem Brot servieren.

Gerösteter weißer Rettich

Aus Madhya Pradesh · Geht schnell

Mooli

Zutaten für 2 Portionen (reicht als Beilage für 4 Portionen):
1 weißer Riesenrettich (etwa 500 g)
3 EL Öl
½ TL Zwiebelsamen
¼ TL Paprikapulver, edelsüß
¼ TL Kurkumapulver
Salz
nach Belieben: 1 Schälchen Joghurt (S. 31) mit etwas Chilipulver

Zubereitungszeit: 15 Min. (+ 25 Min. Garen)

Pro Portion: 670 kJ/160 kcal

1 Rettich schälen, waschen und längs halbieren. Die Hälften in etwa 3 mm dicke Scheiben schneiden.

2 Öl in einer Karai oder Pfanne erhitzen. Zwiebelsamen bei mittlerer Hitze etwa ½ Min. anbraten, Rettich dazugeben und etwa 3 Min. anbraten.

3 Paprika, Kurkuma und Salz daruntermischen und das Gericht zugedeckt bei schwacher Hitze etwa 25 Min. schmoren lassen. Hin und wieder umrühren, damit das Gemüse nicht anbrennt.

4 Das »trockene« Gemüse auf einen Servierteller anrichten und mit Chapati (S. 98), Puri (S. 99) oder Paratha (S. 104) servieren. Nach Belieben ein Schälchen Joghurt mit Chilipulver dazureichen.

Info: Der weiße Riesenrettich wird etwa 35 cm lang und ist viel milder als der bei uns übliche Rettich. Sie bekommen ihn in vielen Asienläden oder auch im Feinkostladen.

Gemüsebällchen in Sauce

Aus dem Punjab · Braucht etwas Zeit

Sabji Kofta

Zutaten für 20–24 Bällchen (4–6 Portionen):

Für die Sauce:
10 mittelgroße Tomaten
1 Stück frischer Ingwer (4 cm)
2 EL Ghee (S. 26), ersatzweise Butterschmalz
2 getrocknete Chilischoten
1 TL Kreuzkümmelpulver
1 TL Kurkumapulver
Salz
200 g Joghurt (S. 31)

Für die Bällchen:
½ Blumenkohl (etwa 250 g)
450 g Kartoffeln, festkochend
6 Stengel frischer Koriander
150 g Kichererbsenmehl
1 TL Garam Masala (S. 27)
½ TL schwarzer Pfeffer, frisch gemahlen
Salz
300 ml Öl zum Fritieren
nach Belieben: 1 kleine Zwiebel, in Halbringe geschnitten und in etwas Öl dunkelbraun geröstet

Zubereitungszeit: 1½ Std. (ohne Ghee und ohne Joghurt) (+ 10 Min. für das Garam Masala)

Bei 6 Portionen pro Portion: 320 kJ/76 kcal

1 Tomaten waschen und in kochendem Wasser etwa 1 Min. blanchieren. In ein Sieb geben und mit kaltem Wasser abschrecken. Die Haut abschälen und Tomaten mit einem Kartoffelstampfer oder einer Gabel in einer Schüssel zerdrücken. Stielansätze herausfischen.

2 Ingwer schälen und auf der Gemüsereibe fein reiben. Ghee in einem Topf erhitzen, geriebenen Ingwer, getrocknete Chilischoten, Kreuzkümmel und Kurkuma dazugeben und bei mittlerer Hitze etwa 2 Min. anbraten.

3 Tomaten und reichlich Salz dazugeben, das Ganze bei schwacher Hitze etwa 20 Min. offen köcheln lassen. Joghurt hinzufügen, alles gut verrühren, zugedeckt beiseite stellen.

4 Blumenkohl putzen, waschen und in große Stücke schneiden. Kartoffeln waschen, schälen und vierteln. Blumenkohl und Kartoffeln etwa 15 Min. kochen lassen, dann mit der Kartoffelpresse zerdrücken. Den entstandenen Teig in eine Schüssel geben.

5 Koriander waschen, trockenschütteln, die Blättchen abzupfen und kleinschneiden. (Wer möchte, kann einige Stengel Koriander ganz lassen und extra reichen.) Kichererbsenmehl, Korianderblätter, Garam Masala, Pfeffer und Salz zu dem Gemüse in die Schüssel geben und die Mischung mit der Hand gut durchkneten. Wenn die Masse zu feucht ist, etwas mehr Kichererbsenmehl dazugeben. Aus der Masse 20–24 runde Bällchen von etwa 4 cm Durchmesser formen und auf einen Teller legen.

6 Öl in einer Karai oder einem Topf stark erhitzen. Die Bällchen portionsweise (je nach Größe des Topfes) mit einem Schaumlöffel hineingeben und bei starker Hitze in etwa 3 Min. goldbraun fritieren, auf Küchenpapier abtropfen lassen.

7 Die Gemüsebällchen in eine Schüssel geben und die fertige Sauce darüber gießen. Warm mit Reis, Papad (S. 40) oder indischem Brot servieren. Gut schmeckt das Tomatenchutney (S. 115) dazu, außerdem geröstete Zwiebelringe und frischer Koriander.

Auberginen in Senfsauce

Aus Westbengalen · Scharf

Baigan Kari

Zutaten für 4 Portionen:
400 g Auberginen
Salz · 1 TL Kurkumapulver
1 frische Chilischote
1 Stück frischer Ingwer (3 cm)
2 mittelgroße Tomaten
200 ml Öl · 5 EL Senföl
½ TL Chilipulver
2 TL Kreuzkümmelpulver
2 TL Paprikapulver, edelsüß
3 EL Joghurt (S. 31)
2 TL schwarze Senfsamen, frisch gemahlen
nach Belieben: einige Zitronenviertel

Zubereitungszeit: 45 Min. (ohne Joghurt)

Pro Portion:
2500 kJ/600 kcal

1 Auberginen waschen, abtrocknen, vom Stielansatz befreien und in etwa 1 cm dicke Scheiben schneiden. Diese auf einen großen Teller legen, mit reichlich Salz und ½ TL Kurkuma einreiben und etwa 10 Min. ruhen lassen.

2 Inzwischen Chilischote waschen, vom Stielansatz befreien und kleinschneiden. Vorsicht, die Hände nicht an die Augen bringen, am besten Hände sofort waschen. Ingwer schälen und auf der Gemüsereibe fein reiben. Tomaten waschen, vierteln und vom Stielansatz befreien.

3 In einer Karai oder Pfanne Öl erhitzen. Auberginen darin portionsweise von beiden Seiten bei mittlerer Hitze je 2–3 Min. anbraten, bis sie bräunlich werden und ganz weich sind. Auf Küchenpapier abtropfen lassen.

4 Fritieröl abgießen. Senföl in der Karai oder Pfanne erhitzen. Chilischote, Chilipulver, ½ TL Kurkuma, den Kreuzkümmel, Paprika und Ingwer dazugeben. Bei schwacher Hitze etwa 5 Min. unter ständigem Rühren anbraten. Tomaten und Joghurt hinzufügen, gut verrühren und alles etwa 3 Min. schmoren, bis eine dunkelbraune Sauce entsteht. 100 ml Wasser dazugießen und zum Kochen bringen.

5 Gemahlene Senfsamen und Auberginenscheiben in die Sauce legen, Salz dazugeben und bei schwacher Hitze zugedeckt etwa 5 Min. köcheln lassen. Das Gericht sofort mit Reis, Chapati (S. 98), Lime-Pickles und evtl. Zitronenvierteln servieren.

Senf

Senf ist eine einjährige Pflanze aus der Familie der Kreuzblütler und wächst weltweit. Der Sarepta-Senf wird nur in großen Teilen Asiens und in Afrika angebaut. Die Sarepta-Art umfaßt viele verschiedene Gemüse- und Ölpflanzen. Sie werden bis zu 75 cm hoch und haben hellgrüne, etwas rauhe Blätter, die viel Vitamin C enthalten. Die jungen Blätter des Sarepta-Senfes werden als Salat gegessen, die älteren, etwas härteren als Gemüse gekocht. Aus den leuchtend gelben Blüten entwickeln sich 3–5 cm lange Früchte mit rötlichen bis violettbraunen Samen (die als »schwarze« Samen bezeichnet werden). Die Hauptnutzung der Pflanze liegt auch in Indien in der Verwendung und Weiterverarbeitung der schwarzen Samen. Sie werden für viele Masalas (Gewürzmischungen) in der Pfanne geröstet, anschließend gemahlen und als Gewürz verwendet. Außerdem stellt man aus den Senfsamen, die 35 % Öl enthalten, das würzige Senföl her, das vor allem in Zentral- und Nordindien zum Kochen und Würzen verwendet wird. Fragen Sie beim Einkauf nach indischem Senfsamen, um Verwechslungen zu vermeiden, denn es gibt noch andere Sorten schwarzen Senf, die aber anders schmecken.

Senfsamen und Senföl geben vielen Gerichten pikante Würze.

Eiercurry

Aus Maharashtra · Gelingt leicht

Anda Kari

Zutaten für 4 Portionen:
4 Eier · ½ TL Kurkumapulver
200 ml Öl
400 g Kartoffeln, mehligkochend
3 EL Ghee (S. 26)
3 grüne Kardamomkapseln · 3 Nelken
3 Stücke Zimtrinde (je 4 cm)
2 Lorbeerblätter
250 g Pikante Gewürzpaste (S. 31)
1 TL Kreuzkümmelpulver
1 TL Paprikapulver, edelsüß
1 TL Kurkumapulver
Salz · 1 TL Garam Masala (S. 27)

Zubereitungszeit: 40 Min. (ohne Ghee) (+ 15 Min. für die Gewürzpaste +10 Min. für das Garam Masala)

Pro Portion: 2900 kJ/690 kcal

1 Eier in etwa 8 Min. hart kochen und schälen. Der Länge nach viermal in gleichen Abständen einritzen und ¼ TL Kurkumapulver darüber streuen. (Sie können die Eier auch vierteln und mit Kurkuma bestreuen.) In einer Pfanne Öl (bis auf 3 EL) erhitzen und die Eier darin von allen Seiten kurz anbraten, wieder herausnehmen. Öl in der Pfanne lassen.

2 Kartoffeln waschen, schälen und in etwa 3 cm große Würfel schneiden. Die Würfel mit ¼ TL Kurkumapulver vermischen und im Öl in der Pfanne bei mittlerer Hitze 2–3 Min. anbraten, bis sie hellbraun sind, herausnehmen.

3 Ghee in einem Topf erhitzen, Kardamomkapseln, Nelken, Zimt und Lorbeerblätter bei mittlerer Hitze etwa ½ Min. anbraten. Pikante Gewürzpaste dazugeben und alles etwa 5 Min. bei schwacher Hitze köcheln lassen. Gemahlene Gewürze (bis auf das Garam Masala) dazugeben.

4 Kartoffeln, Eier, reichlich Salz und 200 ml Wasser hinzufügen und alles etwa 10 Min. zugedeckt bei mittlerer Hitze kochen lassen, bis die Kartoffeln gar sind. Inzwischen Garam Masala mit 3 EL Öl in einer Pfanne bei mittlerer Hitze kurz anbraten. Zu dem Eiercurry geben und gut verrühren. Mit Naan (S. 96) und Apfelchutney (S. 114) servieren.

Omelett in Currysauce

Aus Bengalen · Gelingt leicht

Omlet Kari

Zutaten für 6 Portionen:
6 Eier · Salz
8 EL Öl
250 g Kartoffeln, festkochend
3 mittelgroße Zwiebeln
1 TL Kurkumapulver
1 TL Kreuzkümmelpulver
1 TL Korianderpulver
1 TL Paprikapulver, edelsüß
¼ TL Chilipulver

Zubereitungszeit: 45 Min.

Pro Portion: 1300 kJ/310 kcal

1 Eier mit etwas Salz in einer Schüssel verquirlen.

2 In einer Pfanne 2 EL Öl erhitzen, die Hälfte der Eiermasse hineingeben. Das Omelett bei mittlerer Hitze von jeder Seite in 1–2 Min. gut durchbacken, bis es goldbraun ist. Herausnehmen und auf einen Teller legen. Das zweite Omelett genauso zubereiten.

3 Jedes Omelett zweimal in der gleichen Richtung falten, so daß eine längliche Rolle entsteht. Diese Rolle dann quer in sechs Teile schneiden und beiseite stellen.

4 Kartoffeln waschen, schälen und in etwa 3 cm große Würfel schneiden. Zwiebeln schälen und kleinschneiden. In einem Topf 4 EL Öl erhitzen. Zwiebeln darin bei mittlerer Hitze goldbraun anbraten. Gemahlene Gewürze und etwas Salz dazugeben und etwa 3 Min. unter Rühren anbraten.

5 350 ml Wasser dazugießen und Kartoffeln hineingeben. Zum Kochen bringen. Zugedeckt etwa 10 Min. bei schwacher Hitze köcheln lassen. Die Omelettstücke hineinlegen und alles etwa 5 Min. köcheln lassen, bis die Kartoffeln gar sind. Mit Reis oder Naan (S. 96) servieren.

Basmatireis

Chawal

Aus ganz Indien · Gelingt leicht

Zutaten für 4 Portionen:
250 g Basmatireis

Zubereitungszeit: 30 Min.
(+ 30 Min. Einweichen)

Pro Portion: 910 kJ/220 kcal

1 Basmatireis in ein Sieb geben und mit kaltem Wasser so lange abspülen, bis das Wasser klar ist. Dann Reis in eine Schüssel geben, mit Wasser bedecken und etwa 30 Min. einweichen, damit er beim Kochen besser quillt.

2 Eingeweichten Reis ohne die Einweichflüssigkeit in einen Topf geben, ½ l frisches Wasser dazugeben und sofort zum Kochen bringen.

3 Sobald das Wasser kocht, die Platte auf kleinstmögliche Stufe stellen (Elektroherd evtl. ganz ausschalten). Reis zugedeckt etwa 15 Min. garen, bis er weich ist und die Flüssigkeit vollständig aufgesaugt hat.

Info: Basmatireis ist eine der ältesten Reissorten. Einwanderer fanden ihn vor etwa 3000 Jahren im Kashmirhochland. Im Himalayagebirge, wo das Schneewasser die Talterrassen der Hochebenen überflutet, wächst dieser köstliche Reis. Gekocht hat er lange, dünne Körner und einen aromatischen Duft.

Tips! Sollten Sie keinen Basmatireis bekommen, können Sie Langkornreis nehmen, der natürlich anders schmeckt und nicht duftet. Langkornreis brauchen Sie nicht zu waschen und einzuweichen. Besonders hübsch sieht es aus, wenn Sie Reis auf einem abgewischten und eingeschnittenen Bananenblatt servieren.

Gemüse-Safran-Reis

Aus der Mogulenküche · Mild

Polao

Zutaten für 4 Portionen:
400 g Basmatireis
0,2 g Safran, gemahlen
10 Cashewnüsse
1 große Möhre (etwa 150 g)
6 EL Ghee (S. 26), ersatzweise Butterschmalz
2 Stücke Zimtrinde (je 5 cm)
5 grüne Kardamomkapseln
5 Nelken · 3 Lorbeerblätter
1 EL Rosinen
125 g Erbsen, tiefgefroren
4 EL Mandelstifte oder -scheibchen
Salz · 1 EL Zucker

Zubereitungszeit: 45 Min. (ohne Ghee) (+ 30 Min. Einweichen + 25 Min. Garen)

Pro Portion: 2600 kJ/620 kcal

1 Reis in ein Sieb geben und mit kaltem Wasser gründlich abspülen. In eine Schüssel geben, mit Wasser bedecken und etwa 30 Min. einweichen. Dann in einem Sieb abtropfen lassen.

2 Inzwischen Safran in eine Schüssel geben und mit 3 EL kochendem Wasser übergießen. Cashewnüsse auf einem Brett mit einem stabilen Eßlöffel zerdrücken. (Sie können, wenn Sie möchten, die Nüsse auch ganz lassen.) Möhre waschen, schälen und in etwa 1 cm große Würfel schneiden.

3 In einem großen Topf Ghee erhitzen. Zimtrinde, Kardamomkapseln, Nelken und Lorbeerblätter hineingeben und bei mittlerer Hitze unter Rühren 1–2 Min. anbraten.

4 Rosinen abwaschen und trockentupfen. Reis, Rosinen, Möhre und Erbsen zu den Gewürzen geben und etwa 3 Min. unter Rühren anbraten. Safran, Mandeln, Cashewnüsse, Salz und Zucker dazugeben. Alle Zutaten gut verrühren.

5 Mit ¾ l Wasser aufgießen, Wasser zum Kochen bringen. Die Temperatur auf kleinste Stufe reduzieren, den Elektroherd evtl. ganz abschalten. Den Gemüsereis etwa 20 Min. bei schwacher Hitze zugedeckt garen, bis der Reis weich ist und die ganze Flüssigkeit aufgesaugt hat.

Reis-Linsen-Gemüse-Eintopf

Aus Maharashtra · Pikant

Khitschuri

Zutaten für 4–6 Portionen:
½ Blumenkohl (etwa 300 g)
1 Kartoffel, festkochend (etwa 100 g)
2 mittelgroße Zwiebeln
2 mittelgroße Tomaten
1 frische Chilischote
6 EL Ghee (S. 26), ersatzweise Butterschmalz
3 Lorbeerblätter
1 TL Kurkumapulver
1 TL Kreuzkümmelpulver
1½ TL Paprikapulver, edelsüß
¼ TL Chilipulver · 200 g Basmatireis
200 g Masoor Dal (rote Linsen)
100 g Erbsen, tiefgefroren
Salz · 1 TL Garam Masala (S. 27)

Zubereitungszeit: 45 Min. (ohne Ghee) (+ 10 Min. für das Garam Masala + 25 Min. Garen)

Bei 6 Portionen pro Portion: 1500 kJ/360 kcal

1 Blumenkohl in Röschen von etwa 3 cm Durchmesser schneiden und diese waschen. Kartoffel waschen, schälen und in etwa 3 cm große Würfel schneiden.

2 Zwiebeln schälen und kleinschneiden. Tomaten waschen, vom Stielansatz befreien und kleinschneiden. Chilischote waschen, vom Stielansatz befreien und kleinschneiden. Danach nicht mit den Händen an Augen oder Schleimhäute fassen, das brennt höllisch. Hände sehr gründlich waschen.

3 In einem Topf 4 EL Ghee erhitzen, Zwiebeln darin bei mittlerer Hitze unter Rühren dunkelbraun anbraten. Chilischote, Lorbeerblätter, Kurkuma, Kreuzkümmel, Paprika und Chilipulver hinzufügen und bei mittlerer Hitze etwa 2 Min. anbraten.

4 Reis, Linsen, Kartoffeln, Blumenkohl, Tomaten und Erbsen dazugeben und alles gut verrühren. Reichlich Salz und 1½ l Wasser dazugeben. Wenn es zu kochen beginnt, die Hitze reduzieren und das Gericht zugedeckt bei schwacher Hitze etwa 25. Min. köcheln lassen, bis alles gar ist.

5 In einer kleinen Pfanne 2 EL Ghee schmelzen lassen und über das fertige Gericht gießen. Garam Masala darüber streuen. Mit Papad (S. 40) oder Pakoras (S. 42) und Knoblauch-Pickles servieren.

Kreuzkümmel

Kreuzkümmel, auch römischer Kümmel oder Cumin genannt, ist eines der wichtigsten Gewürze in der indischen Küche. Die Pflanze ähnelt äußerlich dem Wiesenkümmel; die Samen, die als Gewürz verwendet werden, sind jedoch von bitterscharfem Geschmack und duften nach Kampfer. Als Heilpflanze ist der Kreuzkümmel schon seit der Antike bekannt. Die Samen enthalten 3% ätherisches Öl und verschiedene Bitterstoffe und wirken appetitanregend. In Indien werden große Mengen von Kreuzkümmel angebaut, es gibt zwei Sorten: den gewöhnlichen Kreuzkümmel, der helle Samen hat und überwiegend verwendet wird, und sogenannten schwarzen Kreuzkümmel, der teurer, aber auch aromatischer ist. Am besten, Sie kaufen die ganzen Samen und mahlen sie bei Bedarf. Der gemahlene Kreuzkümmel hält sich gut verpackt etwa 1 Jahr, ohne sein Aroma zu verlieren.

Schwarzer Kreuzkümmel (o.) schmeckt aromatischer als der helle (u.).

Eierbiriyani

Aus der Mogulenküche

Anda Biriyani

Zutaten für 6–8 Portionen:
400 g Basmatireis
3 mittelgroße Zwiebeln
4 EL Ghee (S. 26), ersatzweise Butterschmalz
½ Blumenkohl (etwa 350 g)
250 g Kartoffeln, festkochend
2 mittelgroße Tomaten
1 Stück frischer Ingwer (4 cm)
3 Nelken
1 Stück Zimtrinde (5 cm)
3 grüne Kardamomkapseln
2 Lorbeerblätter
½ TL Kurkumapulver
½ TL Paprikapulver, edelsüß
½ TL Chilipulver
½ TL Kreuzkümmelpulver
200 g Erbsen, tiefgefroren
2 EL Joghurt (S. 31)
Salz
2 EL Rosinen
2 EL Mandelstifte
3–4 Eier
außerdem: ein Römertopf
nach Belieben: 1 Limette zum Garnieren

Zubereitungszeit: 40 Min. (ohne Ghee und ohne Joghurt) (+ 30 Min. Einweichen + 1 Std. Garen)

Bei 8 Portionen pro Portion: 1600 kJ/380 kcal

1 Reis in ein Sieb geben und mit kaltem Wasser gründlich waschen. Dann etwa 30 Min. abtropfen lassen. Inzwischen 1 Zwiebel schälen und kleinschneiden. In einem Topf 2 EL Ghee erhitzen und Zwiebel bei mittlerer Hitze dunkelbraun anbraten.

2 Reis dazugeben und unter Rühren etwa 3 Min. anbraten. ¼ l Wasser hinzufügen und Reis bei mittlerer Hitze zugedeckt etwa 5 Min. kochen lassen, er soll nur halb gar sein.

3 Inzwischen Blumenkohl putzen, waschen und in Röschen von etwa 2 cm Durchmesser schneiden. Kartoffeln waschen, schälen und in etwa 3 cm große Würfel schneiden. Reis beiseite stellen.

4 Tomaten waschen, vierteln und vom Stielansatz befreien. 2 Zwiebeln schälen und kleinschneiden. Ingwer schälen und fein reiben.

5 In einem großen Topf 2 EL Ghee erhitzen. Nelken, Zimt, Kardamom und Lorbeerblätter dazugeben und bei mittlerer Hitze etwa 3 Min. anbraten. Zwiebeln, Blumenkohl und Kartoffeln dazugeben und alles gut verrühren. Römertopf und Deckel mindestens 10 Min. in warmem Wasser einweichen.

6 Inzwischen Kurkuma, Paprika, Chili, Kreuzkümmel, Ingwer, Tomaten und Erbsen hinzufügen und etwa 2 Min. anbraten. Joghurt dazugeben und gut verrühren. ¼ l Wasser und reichlich Salz dazugeben, bei mittlerer Hitze zugedeckt etwa 5 Min. schmoren (das Gemüse soll nur halbgar sein). Rosinen kurz abwaschen und trockentupfen.

7 Den Backofen auf 200° (Gas Stufe 3) vorheizen. Die Zutaten wie folgt in den Römertopf einschichten: Auf dem Boden die Hälfte des Reises verteilen, darauf die Mandeln und Rosinen geben, dann das Gemüse mit der Flüssigkeit hineingeben und zum Schluß den restlichen Reis.

8 Das Ganze zugedeckt im Backofen (Mitte) in etwa 1 Std. garen. Eier in etwa 8 Min. hart kochen, abschrecken und schälen. Limette vierteln.

9 Das Biriyani aus dem Backofen nehmen und durchrühren. Eier längs vierteln und das Gericht mit Eiern und Limettenvierteln garnieren. Mit Papad (S. 40) servieren.

Info: Der Handi, so heißt der Topf in Indien, wird vielfach verwendet. Der Vorteil ist, daß sich die Aromen sehr gut verbinden. Der Handi wird auf den Kohleofen gestellt, und oben auf den Deckel werden glühende Kohlen gelegt. So kommt die Hitze von oben und von unten.

Tip! Falls Sie keinen Römertopf haben, können Sie auch eine feuerfeste Form nehmen, die Sie mit Alufolie verschließen.

INDISCHES BROT

Brot spielt in Indien als Grundnahrungsmittel eine sehr große Rolle. Zu fast jeder Mahlzeit wird es gereicht, immer frisch zubereitet und oft noch heiß. Die Inder teilen Brot am liebsten mit der Hand. Ein Stück wird mit der Hand abgerissen und in Gemüse oder Sauce getunkt. Das schmeckt köstlich und ist wirklich ein Erlebnis. Es gibt viele verschiedene Sorten Brot in Indien, auch die Zubereitungsarten sind unterschiedlich – Brot wird nicht einfach nur im Ofen gebakken! Außer den berühmten und am häufigsten servierten Chapatis aus Vollweizenmehl, die in einer Spezialpfanne gebacken werden (S. 98), gibt es gebratenes Brot, das meist aus Vollkornmehl gemacht wird und vor dem Braten in der Pfanne öfters gefaltet und immer wieder eingeölt wird (Paratha, S. 104). Eine Spezialität der indischen Küche ist fritiertes Vollkornbrot (Puri, S. 99). Der Teig ist ähnlich wie bei gebackenem Brot, wird aber in Öl schwimmend ausgebacken, so daß er sich ballonartig aufbläht. Fritiertes Brot wird vor allem bei festlichen Gelegenheiten serviert, es darf z. B. auf keinem Hochzeitsbankett fehlen. Wichtig bei allen Broten ist, daß der Teig lange geknetet wird, bis er ganz glatt ist. Die Inder kneten ihn mit der Hand. Diese kleine Mühe sollten Sie sich auch machen.

Hefebrot

Aus der Mogulenküche

Naan

Zutaten für 9 Brote:
150 ml Milch
⅓ Würfel Hefe (15 g)
2 TL Zucker
500 g Weizenmehl (Type 405)
+ Mehl für die Arbeitsfläche
1 TL Salz
1 TL Backpulver
2 EL Öl
+ Öl für das Backblech
150 g Joghurt (S. 31)
1 Ei

Zubereitungszeit: 1½ Std.
(ohne Joghurt) (+ 1 Std. Ruhen)

Pro Brot: 1100 kJ/260 kcal

1 Milch in einem Topf etwas erwärmen. Milch in eine Schüssel geben, Hefe zerbröckeln und dazugeben. 1 TL Zucker hinzufügen, alles gut verrühren und etwa 15 Min. stehenlassen, bis die Hefe sich aufgelöst hat.

2 Mehl in eine große Schüssel sieben, Salz und Backpulver dazugeben und vermischen. Nach und nach 1 TL Zucker, die Milch mit der Hefe, Pflanzenöl, Joghurt und Ei dazugeben und alles zu einem Teig verrühren. Den Teig kräftig kneten. Zu einer Kugel formen und zugedeckt an einem warmen Ort, evtl. auf der Heizung, etwa 1 Std. gehen lassen.

3 Den Backofen auf 225° (Gas Stufe 4) vorheizen. Ein Backblech ausfetten und im Ofen heiß werden lassen. Den Teig erneut durchkneten und in 9 Stücke teilen, daraus Kugeln formen. Die ersten 2–3 Kugeln auf einer bemehlten Arbeitsfläche zu tropfenförmigen Naans ausrollen (etwa 5–8 mm dick, 25 cm lang und 13 cm breit).

4 Die Naans auf das heiße Backblech legen, sofort in den Backofen (Mitte) geben und in 6–8 Min. hellbraun backen. Die fertigen Brote in eine saubere Stoffserviette (oder ein Tuch aus Stoff) einschlagen. Die übrigen Brote auf die gleiche Weise zubereiten. Das Brot am besten heiß servieren.

Info: Naan ist das berühmte Brot der Mogulen, das in Indien in einem sehr heißen Tandoor-Ofen gebacken wird. Naan wird zu Dals, Gemüse und Fleischgerichten gegessen.

Fladenbrot

Aus Nordindien · Gelingt leicht

Chapati

Zutaten für etwa 15 Brote:
400 g Chapatimehl
+ Mehl für die Arbeitsfläche
2 EL Ghee (S. 26), ersatzweise Butterschmalz
1 TL Salz

Zubereitungszeit: 1 Std. (ohne Ghee) (+ 20 Min. Ruhen)

Pro Brot: 420 kJ/100 kcal

1 Chapatimehl in eine Schüssel geben. Ghee, Salz und 225 ml Wasser hinzufügen und alles zu einem weichen und glatten Teig verarbeiten. Den Teig mindestens 15 Min. gut durchkneten. Anschließend zu einer Kugel formen, mit einem feuchten Tuch bedecken und etwa 20 Min. ruhen lassen.

2 Teig in etwa 15 gleich große Stücke teilen, diese zu kleinen Kugeln formen. Auf einem bemehlten Brett zu etwa 1 mm dünnen, runden Fladen ausrollen. (Die Größe der Fladen richtet sich nach dem Durchmesser der Pfanne, die Sie verwenden.)

3 Eine schwere Pfanne oder eine spezielle Chapatipfanne etwa 5 Min. bei mittlerer Hitze heiß werden lassen. Den ersten Fladen hineingeben und etwa 1 Min. backen. Mit dem Pfannenheber wenden und von der anderen Seite ebenfalls etwa 1 Min. backen, bis der Fladen hellbraun ist.

4 Den fertigen Fladen herausnehmen und in einen Topf mit Deckel legen, Topf sofort zudecken. Alle Chapatis auf diese Weise zubereiten und im Topf aufbewahren, damit sie nicht so schnell auskühlen und nicht austrocknen. (Fladenbrot am besten ganz kurz vor dem Servieren zubereiten.)

Info: Chapati essen die Inder täglich zu Dals, Gemüse und Fleischgerichten.

Tip! Chapatimehl bekommen Sie im Asienladen. Wenn Sie einmal keines zur Verfügung haben, können Sie auch Weizenmehl (Type 1050) verwenden.

Fritiertes Vollkornbrot

Aus Nordindien · Etwas schwieriger

Puri

Zutaten für etwa 15 Brote:
150 g Vollweizenmehl
½ TL Salz
2 EL Ghee (S. 26), ersatzweise Butterschmalz
etwas Öl für die Arbeitsfläche
ca. ½ l Öl zum Fritieren

Zubereitungszeit: 45 Min. (ohne Ghee)
(+ 15 Min. Ruhen)

Pro Brot: 430 kJ/100 kcal

1 Mehl in eine Schüssel geben. Salz und Ghee dazugeben. Nach und nach 75 ml Wasser hinzufügen, den Teig mit den Händen etwa 10 Min. kneten, bis er glatt und elastisch ist. Teig zu einer Kugel formen, in einer Schüssel mit einem feuchten Küchentuch zudecken und etwa 15 Min. ruhen lassen.

2 Den Teig in etwa 15 gleich große Stücke teilen, diese zu Kugeln formen. Die Kugeln flachdrücken und auf der eingeölten Arbeitsfläche etwa 1 mm dick rund ausrollen (10–12 cm Durchmesser). Darauf achten, daß die Puris nicht aufeinander liegen, sonst kleben sie zusammen.

3 Öl in einer Karai oder einem Topf stark erhitzen. (Es muß etwa 1½ cm hoch in der Karai oder dem Topf stehen. Also je nach Größe des Gefäßes etwas weniger oder etwas mehr Öl nehmen.) Wenn das Öl anfängt zu rauchen, die Hitze reduzieren.

4 Den ersten Fladen in das Öl legen. In der Mitte mit einer Siebkelle den Teig sanft kurz hinunterdrücken. Wenn sich der Puri wie ein Ballon aufbläht, den Fladen wenden und auf der anderen Seite in etwa 10 Sek. goldbraun ausbacken.

5 Puri herausnehmen und auf Küchenpapier entfetten. Alle Puris auf diese Weise zubereiten. Puris in einem Topf aufeinanderlegen und den Deckel jedesmal verschließen, damit sie warm bleiben und nicht austrocknen. (Sie können die Puris auch bei 150° [Gas Stufe 1] im Backofen warm halten.) Heiß zu Dals, Gemüse und Fleischgerichten servieren.

Gefülltes fritiertes Fladenbrot

Aus Nordindien · Etwas schwieriger

Kotschuri

Zutaten für 16 Brote (4 Portionen):
200 g Weizenmehl
3 EL Ghee (S. 26), ersatzweise Butterschmalz
1 TL Salz
150 g Erbsen, tiefgefroren und aufgetaut
1 TL Garam Masala (S. 27)
½ TL Kreuzkümmelpulver
½ l Öl zum Fritieren
+ Öl für die Arbeitsfläche

Zubereitungszeit: 50 Min. (ohne Ghee)(+ 20 Min. Ruhen + 10 Min. für das Garam Masala)

Pro Brot: 500 kJ/120 kcal

1 Mehl in eine Schüssel sieben. 1 EL Ghee und ½ TL Salz dazugeben und gut vermischen. 100 ml Wasser hinzufügen, die Zutaten zu einem Teig verrühren und diesen etwa 15 Min. kneten, bis er weich und elastisch ist. Den Teig mit einem feuchten Tuch zudecken und etwa 20 Min. ruhen lassen.

2 Inzwischen für die Füllung aufgetaute Erbsen mit dem Pürierstab pürieren. 2 EL Ghee in einer Pfanne erhitzen. Pürierte Erbsen dazugeben und unter Rühren bei schwacher Hitze etwa 3 Min. braten. Garam Masala, Kreuzkümmel und ½ TL Salz unterrühren. Etwas abkühlen lassen.

3 Teig nochmals durchkneten und in etwa 16 gleich große Stücke teilen und daraus Kugeln formen. Die Kugeln mit dem Handballen etwas flachdrücken und auf eine eingeölte Arbeitsfläche legen. (Falls der Teig klebrig ist, sollten Sie mit bemehlten Händen arbeiten.)

4 In die Mitte jeder flachgedrückten Kugel eine Mulde drücken. Die Füllung in 16 gleichen Portionen in die Mulden der Fladen geben.

5 Die Teigränder über der Füllung zusammenschlagen und leicht andrücken. Dann die Fladen mit dem eingeölten Nudelholz 1–2 mm dick (etwa 15 cm Durchmesser) ausrollen.

6 Öl in einer Karai oder einem Topf stark erhitzen. Wenn das Öl heiß ist, die Hitze reduzieren. Den ersten Fladen in das Öl legen. Mit einer Siebkelle sanft kurz hinunterdrücken. Wenn er sich wie ein Ballon aufbläht oder Blasen wirft, den Fladen wenden und bei mittlerer Hitze in etwa 10 Sek. goldbraun ausbacken. Auf Küchenpapier entfetten und in einem Gefäß mit Deckel warm halten. Die anderen 15 Brote genauso zubereiten. Zu Gemüse, Dals, Fisch- und Fleischgerichten servieren.

Tip! Schneller geht es, wenn Sie die Erbsenmischung gleich nach der Wasserzugabe mit dem Teig verrühren und die Fladen aus dieser Mischung backen.

Würzig gefüllte Pfannkuchen

Aus Madras · Etwas schwieriger

Masala Dosa

Zutaten für 6 Portionen (10–12 Pfannkuchen):
150 g weißer Patnareis
150 g Urid Dal (Uridlinsen)
2 frische Chilischoten
1 TL Zucker · 1½ TL Salz
800 g Kartoffeln, festkochend
1 Stück frischer Ingwer (6 cm)
3 EL Kokosraspel, ungesüßt
2 Zwiebeln
6 Stengel frischer Koriander
9 EL Ghee (S. 26), ersatzweise Butterschmalz
2 TL Kreuzkümmelsamen
2 TL schwarze Senfsamen
1 TL Kurkumapulver

Zubereitungszeit: 1¾ Std. (ohne Ghee) (+ 8 Std. Einweichen + 24 Std. Ruhen)

Pro Portion: 860 kJ/200 kcal

1 Reis und Linsen in getrennten Schüsseln etwa 8 Std. in reichlich Wasser einweichen.

2 Das Wasser abtropfen lassen, Reis und Linsen nacheinander mit jeweils 150 ml Wasser in einem elektrischen Mixer fein pürieren. Bei Bedarf mehr Wasser dazugeben, damit ein feiner Brei entsteht.

3 Eine Chilischote waschen, vom Stielansatz befreien und kleinschneiden. Danach keinesfalls mit den Händen an die Augen fassen, das brennt wie Feuer. Am besten Hände gründlich waschen.

4 Die kleingeschnittene Chilischote mit Reis- und Linsenbrei in eine Schüssel geben. Zucker und ½ TL Salz dazugeben. Alle Zutaten zu einem Teig vermischen. Die Schüssel mit einem Tuch abdecken und an einem warmen Ort etwa 24 Std. ruhen lassen (Sie können die Schüssel ruhig auf die Heizung stellen).

5 Etwa 1 Std. bevor Sie die Pfannkuchen backen wollen, die Füllung zubereiten. Dazu Kartoffeln waschen, in einen Topf mit Wasser geben und zugedeckt bei mittlerer Hitze in etwa 20 Min. garen.

6 Die zweite Chilischote waschen und kleinschneiden. Hände gründlich waschen! Ingwer schälen und auf der Gemüsereibe fein reiben. Ingwer und Chilischote mit Kokosraspeln zu einem dickflüssigen Brei verarbeiten. 3 EL Wasser dazugeben.

7 Gegarte Kartoffeln schälen und mit dem Kartoffelstampfer grob zerkleinern.

8 Zwiebeln schälen, halbieren und in dünne Halbringe schneiden. Koriander waschen, trockenschütteln, die Blättchen abzupfen und in feine Streifen schneiden. In einer Karai oder einem mittelgroßen Topf 3 EL Ghee erhitzen und Zwiebeln bei mittlerer Hitze dunkelbraun anbraten. Kreuzkümmelsamen und Senfsamen bei mittlerer Hitze kurz rösten. Wenn die Senfsamen anfangen zu springen, die Mischung aus Chilischoten, Ingwer und Kokosraspeln dazugeben und etwa 1 Min. anbraten.

9 Kurkuma, zerkleinerte Kartoffeln, Korianderblätter und 1 TL Salz hinzufügen. Das Ganze unter ständigem Rühren etwa 2 Min. braten. Beiseite stellen.

10 Eine große beschichtete Pfanne (ca. 25 cm Durchmesser) bei mittlerer Hitze heiß werden lassen und mit ½ EL Ghee einfetten. Den Teig noch einmal gut durchschlagen, er soll dickflüssig sein. Bei Bedarf noch etwas Wasser dazugeben.

11 Wenn die Pfanne heiß ist, etwa 2 Schöpflöffel (80 ml) Teig hineingeben und mit einem Löffel gleichmäßig und dünn verteilen. (Der Pfannkuchen soll einen Durchmesser von etwa 20 cm haben.) Pfannkuchen bei mittlerer Hitze in etwa 2 Min. auf der einen Seite goldbraun backen, wenden und auf der anderen Seite 10–15 Sek. backen.

12 Herausnehmen und auf einen Teller legen. Wieder ½ EL Ghee in die Pfanne geben und die restlichen Pfannkuchen auf die gleiche Weise zubereiten. Die Pfanne, wenn nötig, für jeden Pfannkuchen neu einfetten. Pfannkuchen auf dem Teller stapeln, so bleiben sie warm und feucht. Wenn ein Pfannkuchen beim Backen klebt, etwas mehr Fett in die Pfanne geben.

13 Wenn alle Dosas fertig sind, in die Mitte eines jeden Pfannkuchens 2 EL Füllung geben. Pfannkuchen in der Mitte falten. Die gefüllten Dosas noch einmal in der eingefetteten Pfanne von beiden Seiten je 10–15 Sek. backen. Heiß mit Sambar (S. 32) und Kokosnußchutney (S. 111) servieren.

Geschichtetes Brot

Aus der Mogulenküche

Paratha

Zutaten für 16 Brote (4 Portionen):
400 g Chapatimehl
+ Mehl zum Bestäuben
2 EL Ghee (S. 26), ersatzweise Butterschmalz
+ flüssiges Ghee zum Einpinseln
1 TL Salz

Zubereitungszeit: 1½ Std. (ohne Ghee) (+ 20 Min. Ruhen)

Pro Brot: 390 kJ/93 kcal

1 Chapatimehl in eine Schüssel geben. Mit Ghee, 275 ml Wasser und Salz zu einem weichen und glatten Teig verarbeiten. Den Teig mindestens 15 Min. kneten, zu einer Kugel formen, diese mit etwas flüssigem Ghee einpinseln und etwa 20 Min. ruhen lassen.

2 Den Teig in 16 Stücke teilen, diese zu kleinen Kugeln formen. Auf einer bemehlten Arbeitsfläche die Kugeln rund und sehr dünn ausrollen (Durchmesser etwa 17 cm).

3 Die Oberfläche der Fladen mit etwas Ghee bestreichen, Fladen einmal in der Mitte zusammenfalten. Die jetzt oben liegende Fläche wiederum mit Ghee einpinseln und nochmals in der Mitte zusammenfalten, so daß ein Dreieck entsteht.

4 Dieses Dreieck zu einem Dreieck von etwa 20 cm Seitenlänge ausrollen. Den Teig immer wieder mit etwas Mehl bestäuben.

5 Die Chapatipfanne oder eine gußeiserne Pfanne bei mittlerer Hitze heiß werden lassen. Dann mit Ghee einpinseln, ein Brot hineinlegen und in etwa 1 Min. goldbraun backen. Dann oben mit Ghee einpinseln, umdrehen und von der anderen Seite in 10–15 Sek. goldbraun backen. Das Brot ist fertig, wenn es dunkle Flecken bekommt. Alle Brote auf diese Weise zubereiten.

6 Die fertig gebackenen Brote in einem Gefäß mit Deckel, z. B. einem Topf, warm halten. Warm zu Dals, Gemüse, Fisch- und Fleischgerichten servieren.

RAITAS & CHUTNEYS

Zu den meisten indischen Gerichten werden Joghurtsalate (Raitas) und Chutneys serviert. Sie regen den Appetit an, runden das Essen geschmacklich ab, geben würzige Schärfe und milderen Gerichten das gewisse Etwas. Außerdem liefern die Raitas und Chutneys wichtige Vitamine und Mineralstoffe. Raitas bestehen aus rohem oder gekochtem Gemüse oder frischem Obst, das mit Joghurt vermischt und mit Gewürzen abgeschmeckt wird. Der kalte Joghurtsalat bildet einen Kontrast zu den warmen und stark gewürzten Speisen und mildert zudem die Schärfe mancher Gerichte. Indischer Joghurt wird aus Büffelmilch gemacht, ist dicker als unser Joghurt und leicht süßlich. Am besten verwenden Sie für diese Rezepte selbstgemachten Joghurt (S. 31), oder Sie kaufen naturbelassenen Vollmilchjoghurt mit 3,5% Fett. Chutneys sind appetitanregende Beilagen, die zu Vorspeisen, Snacks und Hauptgerichten serviert werden. Es gibt frische und gekochte Chutneys, sie werden aus Obst oder Gemüse gemacht, sind oft scharf und süßlich. Chutneys und Raitas werden in kleinen Schälchen auf die Thali gestellt. So kann sich jeder nach Belieben bedienen.

Auberginensalat

Baigan-ka-Raita

Aus Uttar Pradesh · Pikant

Zutaten für 6 Portionen:
500 g Auberginen
1 Fleischtomate (etwa 200 g)
1 frische Chilischote
1 mittelgroße Zwiebel
2 EL Öl
2 TL Garam Masala (S. 27)
Salz
250 g Joghurt (S. 31)
nach Belieben: 1 mittelgroße Tomate zum Garnieren

Zubereitungszeit: 1 Std. (ohne Joghurt) (+ 10 Min. für das Garam Masala + 1 Std. Kühlen)

Pro Portion: 240 kJ/57 kcal

1 Den Backofen auf 200° (Gas Stufe 3) vorheizen. Auberginen waschen, den Stielansatz entfernen und die Früchte viermal längs in gleichmäßigen Abständen mit einem Messer 1–2 cm tief einritzen.

2 Auberginen in eine feuerfeste Form oder auf ein Backblech mit Alufolie oder Backpapier legen und im Backofen (Mitte) etwa 40 Min. backen, bis die Früchte weich sind. Zwischendurch ab und zu wenden.

3 Inzwischen Tomate waschen, vom Stielansatz befreien und kleinschneiden. Chilischote waschen, das Stielende entfernen und die Schote ebenfalls kleinschneiden. Vorsicht, die Hände keinesfalls an die Augen bringen, das brennt höllisch! Zwiebel schälen und kleinschneiden.

4 Öl in einer Pfanne erhitzen, Zwiebel und Chilischote hineingeben und bei mittlerer Hitze anbraten, bis die Zwiebel goldbraun ist.

5 Auberginen aus dem Ofen nehmen und etwas abkühlen lassen. Die Haut abziehen und das Fruchtfleisch in kleine Würfel schneiden. Tomaten, Garam Masala und Salz in die Pfanne geben und etwa 1 Min. unter ständigem Rühren braten. Auberginen hinzufügen und alles gut verrühren. Etwa 3 Min. schmoren lassen, dann die Pfanne vom Herd nehmen.

6 Joghurt in eine Schüssel geben und den gesamten Pfanneninhalt hinzufügen. Alles gründlich vermischen, zudecken und etwa 1 Std. kalt stellen. Zu allen Hauptmahlzeiten als Beilage oder extra als Salat servieren.

Gurken-Tomaten-Salat

Kheera-Tamatar-Raita

Aus Uttar Pradesh · Gelingt leicht

Zutaten für 6 Portionen:
1 mittelgroße Salatgurke
2 mittelgroße, feste Tomaten
1 mittelgroße Zwiebel
300 g Joghurt (S. 31)
1 TL Kreuzkümmelpulver
Salz
1 EL Öl
1 TL schwarze Senfsamen

Zubereitungszeit: 20 Min. (ohne Joghurt) (+ 1 Std. Kühlen)

Pro Portion: 150 kJ/36 kcal

1 Gurke waschen, schälen und in etwa ½ cm große Würfel schneiden. Tomaten waschen, vierteln, vom Stielansatz befreien und in etwa 1 cm große Stücke schneiden. Zwiebel schälen und kleinschneiden.

2 Joghurt in eine Schüssel geben. Geschnittene Gurke, Tomaten, Zwiebel, Kreuzkümmel und Salz dazugeben, alles gut verrühren.

3 In einer kleinen Pfanne Öl erhitzen, Senfsamen hineingeben (Deckel bereithalten, die Senfsamen springen!), bei mittlerer Hitze kurz anbraten und sofort in die Schüssel zu den anderen Zutaten geben. Alles zusammen vorsichtig, aber gründlich vermischen. Etwa 1 Std. kalt stellen. Dieser Salat paßt zu jedem indischen Essen, sei es Snack oder Hauptgericht, als Beilage.

Tip! Für die Zubereitung von Raitas eignet sich am besten selbstgemachter Joghurt (S. 31). Falls Sie Joghurt kaufen, sollten Sie naturbelassenen Vollmilchjoghurt (3,5 % Fett) nehmen.

Bananen-Kokosnuß-Joghurt

Aus Tamil Nadu und Kerala

Kela-ka-Raita

Zutaten für 4 Portionen:
2 EL Ghee (S. 26), ersatzweise Butterschmalz
1 TL schwarze Senfsamen
100 g ungesüßte Kokosraspel
250 g Joghurt (S. 31)
1 Banane
5 frische oder 10 getrocknete Curryblätter
Salz

Zubereitungszeit: 15 Min. (ohne Ghee und ohne Joghurt) (+ 1 Std. Kühlen)

Pro Portion: 1100 kJ/260 kcal

1 In einer Pfanne Ghee erhitzen. Senfsamen hineingeben und bei mittlerer Hitze anbraten, bis sie anfangen zu knistern. Kokosraspel hinzufügen und unter ständigem Rühren etwa 1 Min. anbraten, dann die Pfanne vom Herd nehmen.

2 Pfanneninhalt sofort in eine Schüssel geben und Joghurt hinzufügen. Gut verrühren.

3 Banane schälen, längs halbieren und in etwa ½ cm dicke Scheiben schneiden. Bananenscheiben, Curryblätter und reichlich Salz zu den anderen Zutaten in die Schüssel geben. Alles vorsichtig miteinander vermischen. Etwa 1 Std. kalt stellen. Zu allen Hauptgerichten als köstliche Beilage servieren.

Info: Curryblätter sind die Blätter der Pflanze Murraya Koenigli, die in Indien zu Hause ist. Die leuchtendgrünen Blätter duften sehr intensiv und haben ein leicht scharfes Aroma. Curryblätter werden für sehr viele Masalas (Gewürzmischungen) oder Currys genommen – deshalb wird der Baum in Indien auch »Curry-leaf-tree« genannt. Bei uns gibt es manchmal im Asienladen frische Curryblätter. Sie können aber ohne weiteres auf die getrockneten zurückgreifen. Da diese weniger aromatisch sind, sollten Sie die doppelte Menge nehmen und die Blätter kurz in lauwarmem Wasser einweichen.

Kokosnußchutney

Aus Kerala · Pikant

Nariyal Chatni

Zutaten für 4–6 Portionen:
200 g frische Kokosnuß (siehe Tip!), ersatzweise 200 ungesüßte Kokosraspel
⅛ l Kokoswasser aus der Nuß, ersatzweise Wasser
3 EL Zitronensaft
1 mittelgroße Zwiebel
1 Stück frischer Ingwer (6 cm)
1 frische Chilischote · 2 EL Öl
1 EL schwarze Senfsamen
1 EL Urid Dal (Uridlinsen)
Salz

Zubereitungszeit: 30 Min.

Bei 6 Portionen pro Portion: 650 kJ/150 kcal

1 Fruchtfleisch der frischen Kokosnuß von der braunen Schale befreien. Das Fruchtfleisch in etwa 2 cm große Stücke schneiden. Diese Stücke mit der Küchenmaschine mit dem Reibaufsatz mahlen oder auf der Gemüsereibe reiben.

2 Kokosraspel, Kokoswasser oder Wasser und Zitronensaft in den Mixer geben und so lange mixen, bis ein Püree entstanden ist. Bei Bedarf mehr Flüssigkeit dazugeben.

3 Zwiebel schälen und kleinschneiden. Ingwer schälen und auf der Gemüsereibe fein reiben. Chilischote waschen und in Ringe schneiden, dabei Stielansatz entfernen. Vorsicht, danach die Hände nicht an die Augen bringen, das brennt wie Feuer! Zwiebel, Ingwer und Chilischote zu dem Püree geben und noch einmal kurz mixen.

4 In einer Pfanne Pflanzenöl erhitzen. Senfsamen hineingeben und bei mittlerer Hitze etwa ½ Min. anbraten. Urid Dal hinzufügen und etwa 1 Min. unter ständigem Rühren rösten.

5 Kokosnußmasse in die Pfanne geben, alles gut vermischen und etwa 2 Min. dünsten. Die Kokosnuß darf nicht braun werden. Mit Salz abschmecken.

6 Chutney in eine Servierschüssel geben. Kokosnußchutney schmeckt warm und kalt. Gut gekühlt paßt es gut zu Pfannkuchen (S. 102).

Tip! Wenn Sie eine Kokosnuß kaufen, müssen Sie sie schütteln. Je mehr Flüssigkeit sie enthält, desto frischer ist sie. Zum Öffnen der Kokosnuß heizen Sie den Backofen auf 200° (Gas Stufe 3) vor. Mit einem Schraubenzieher zwei der drei »Augen« der Kokosnuß einstechen und die Flüssigkeit herauslaufen lassen. Die leere Kokosnuß etwa 15 Min. in den Backofen legen, danach auf ein Brett geben und mit einem Hammerschlag zertrümmern.

Mangochutney

Aus Westbengalen · Süß-scharf

Am Chatni

Zutaten für 6 Portionen:
1 große Mango (ca. 600 g)
2 frische Chilischoten
2 TL Maisstärke
¼ TL Kurkumapulver
Salz
100 g Rohzucker
1 EL Ghee (S. 26), ersatzweise Butterschmalz
1 TL schwarze Senfsamen
2 getrocknete Chilischoten
⅓ TL Asafötida

Zubereitungszeit: 30 Min. (ohne Ghee) (+ 1 Std. Kühlen)

Pro Portion: 580 kJ/140 kcal

1 Mangoschale mit einem scharfen Messer abziehen und die Frucht längs halbieren. Das Fruchtfleisch sehr vorsichtig vom faserigen Kern lösen und in etwa ½ cm dicke und 3 cm lange Streifen schneiden. Frische Chilischoten waschen und kleinschneiden, vom Stielansatz befreien. Danach Hände gründlich waschen. Maisstärke mit 4 EL Wasser anrühren und beiseite stellen.

2 In einem Topf ¼ l Wasser mit Kurkumapulver und Salz zum Kochen bringen. Mangostreifen und frische Chilischoten dazugeben und bei mittlerer Hitze etwa 10 Min. köcheln, bis die Mangostreifen weich sind. Die Hitze erhöhen und das Chutney etwa 5 Min. kochen lassen. Zucker dazugeben und Chutney mit Maisstärke andicken, dann den Topf vom Herd nehmen.

3 In einer kleinen Pfanne Ghee erhitzen, Senfsamen und getrocknete Chilischoten dazugeben und bei mittlerer Hitze kurz anbraten. Asafötida einrühren und den Pfanneninhalt zu dem Chutney geben. Alle Zutaten gut verrühren, in eine Servierschüssel geben und etwa 1 Std. kalt stellen. Das Chutney paßt als Beilage zu allen Hauptgerichten.

Tip! Wenn Sie das Chutney weniger pikant mögen, schneiden Sie nur eine Chilischote in Streifen und geben Sie die andere ganz als Verzierung dazu.

Indien ist der größte Mangoproduzent der Welt.

Mango

Die Mango wird in Indien schon seit über 4000 Jahren angebaut und ist die Lieblingsfrucht der Inder. Mangos sind Steinfrüchte, die an bis zu 30 m hohen immergrünen Bäumen wachsen. Die Größe der Früchte geht von pflaumengroß bis kürbisgroß, Mangos sind rund, oval, eiförmig oder nierenförmig; ihr Gewicht liegt zwischen 250 g und 2 kg, und die Farbpalette reicht von Grün über Gelb zu Orange und Rot. Allen (über 1000!) Sorten gemeinsam ist die ledrige Schale, das zarte, saftige Fruchtfleisch und der faserige Kern. Mangos enthalten Calcium und Eisen, viel Vitamin C und die größte Menge Provitamin A von allen Obstsorten. Eine der beliebtesten Sorten aus Indien ist Alphonso, eine gelbe, ovale Frucht, die kaum Fasern hat. Aus unreifen Mangos wird Mangopulver hergestellt, ein Gewürz, das vielen Gerichten ein pikantes, leicht säuerliches Aroma verleiht.

Apfelchutney

Aus Rajasthan · Pikant

Seb ki Chatni

Zutaten für 10 Portionen:
1 kg säuerliche Äpfel, z.B. Boskop
2 frische Chilischoten
3 EL Ghee (S. 26), ersatzweise Butterschmalz
2 TL Panch Foron (Fünfgewürzmischung)
Salz
1 TL Kurkumapulver
1 TL Kreuzkümmelpulver
3 EL brauner Zucker
2 EL Zitronensaft

Zubereitungszeit: 45 Min. (ohne Ghee) (+ 1 Std. Kühlen)

Pro Portion: 380 kJ/90 kcal

1 Äpfel waschen, schälen, vom Stielansatz und den Kernen befreien, vierteln und die Viertel in dünne Scheiben schneiden. Chilischoten waschen und fein hacken, Stielenden entfernen. Danach die Hände keinesfalls an die Augen oder Schleimhäute bringen, das brennt wie Feuer! Am besten die Hände gründlich waschen.

2 In einem Topf Ghee erhitzen, Fünfgewürzmischung, Chilischoten, Salz, Kurkuma und Kreuzkümmel hineingeben und bei mittlerer Hitze etwa ½ Min. unter ständigem Rühren anbraten.

3 Apfelscheiben dazugeben und etwa 4 Min. mitbraten. 100 ml Wasser dazugeben und alles bei schwacher Hitze etwa 5 Min. zugedeckt köcheln lassen, bis die Äpfel weich sind. (Je nach Sorte kann es auch etwas länger dauern.)

4 Zucker und Zitronensaft hinzufügen und alles bei mittlerer Hitze unter ständigem Rühren so lange kochen, bis das Chutney eindickt. In eine Schüssel umfüllen und etwa 1 Std. kalt stellen. Das Apfelchutney paßt zu allen Hauptgerichten und Snacks als Beilage.

Info: Sie können für dieses Rezept auch andere Obstsorten verwenden. Es schmeckt auch sehr raffiniert mit Pfirsichen, Aprikosen, Pflaumen oder Guavas.

Tip! Gekochte Chutneys können Sie in Gläser mit Deckel füllen und kühl aufbewahren. Sie bleiben einige Tage haltbar. Achten Sie aber darauf, daß Sie Glasdeckel oder beschichtete (nicht metallische) Deckel verwenden.

Tomatenchutney

Aus Gujarat · Gelingt leicht

Tamatar Chatni

Zutaten für 4 Portionen:
6 kleine, reife Tomaten
1 Stück frischer Ingwer (3 cm)
100 g Rosinen
5 EL Zucker
½ TL Kurkumapulver
Salz
2 TL Ghee (S. 26), ersatzweise Butterschmalz
1 TL Panch Foron (Fünfgewürzmischung)
1 TL Fenchelsamen
1 TL Kreuzkümmelsamen
Saft von ½ Zitrone

Zubereitungszeit: 40 Min. (ohne Ghee) (+ 1 Std. Kühlen)

Pro Portion: 800 kJ/190 kcal

1 Tomaten waschen, vierteln und vom Stielansatz befreien. Ingwer schälen und auf der Gemüsereibe fein reiben. Rosinen waschen, trockentupfen und, falls vorhanden, Stiele entfernen.

2 Tomaten, Ingwer und Rosinen in einen Topf geben, Zucker hinzufügen und bei schwacher Hitze etwa 10 Min. köcheln lassen, bis der Inhalt dickflüssig ist und die Tomaten weich sind.

3 Kurkuma und reichlich Salz dazugeben und alles zugedeckt bei mittlerer Hitze etwa 5 Min. kochen lassen.

4 Ghee in einer kleinen Pfanne erhitzen. Fünfgewürzmischung hineingeben, bei mittlerer Hitze kurz anbraten und über die Tomaten gießen. Gut verrühren.

5 In einer anderen Pfanne ohne Fett Fenchelsamen und Kreuzkümmelsamen bei mittlerer Hitze unter Rühren kurz anrösten, abkühlen lassen und in einer Gewürzmühle fein mahlen oder im Mörser fein zerstoßen. Die Mischung über das Chutney streuen und gut verrühren.

6 Zitronensaft einrühren, Chutney vom Herd nehmen und etwa 1 Std. kalt stellen. Zu Snacks und Hauptspeisen als Beilage servieren.

Info: In der indischen Küche werden Tomaten immer mit Schale verwendet. Natürlich können Sie die Schale entfernen, wenn Sie sie nicht mögen.

Minzchutney

Aus dem Punjab · Gelingt leicht

Poodina Chatni

Zutaten für 4–6 Portionen:
125 g frische grüne Minze
3 kleine Zwiebeln
1 frische Chilischote
1 Knoblauchzehe
Salz · 1 TL Zucker
½ TL Garam Masala (S. 27)
50 ml Zitronensaft

Zubereitungszeit: 30 Min.
(+ 10 Min. für das Garam Masala + 1 Std. Kühlen)
Bei 6 Portionen pro Portion:
45 kJ/11 kcal

1 Frische Minze waschen, trockenschütteln und die Blätter vom Stiel entfernen. Zwiebeln schälen und kleinschneiden. Chilischote waschen, entkernen und vom Stiel befreien. Vorsicht, danach Hände gründlich waschen!

2 Minze, Zwiebeln und Chilischote in einen Mixer geben und fein pürieren. Knoblauchzehe schälen und dazudrücken, Salz, Zucker, Garam Masala, Zitronensaft und 2 EL Wasser nach und nach dazugeben und alles fein pürieren. (Wenn Sie keinen Mixer zur Verfügung haben, Minze, Zwiebeln und Chilischote fein hacken, in eine Schüssel geben und mit den übrigen Zutaten gut vermischen.)

3 Die Mischung zudecken und etwa 1 Std. in den Kühlschrank stellen. Paßt zu allen Hauptgerichten.

Variante: Sie können die frische Minze durch die gleiche Menge frische Korianderblätter ersetzen, dann erhalten Sie Korianderchutney.

Tamarindenchutney

Aus Südindien · Gelingt leicht

Imli ki Chatni

Zutaten für 4 Portionen:
150 g gepreßte Tamarinde
¼ TL Chilipulver
½ TL Kreuzkümmelpulver
1 EL Zitronensaft
3 EL brauner Zucker · Salz

Zubereitungszeit: 40 Min.
(+ 1 Std. Kühlen)
Pro Portion: 120 kJ/29 kcal

1 In einem kleinen Topf 375 ml Wasser zum Kochen bringen. Gepreßte Tamarinde in kleine Stücke brechen, in das kochende Wasser geben und bei mittlerer Hitze zugedeckt etwa 15 Min. darin kochen lassen.

2 Tamarinde in ein Sieb geben und etwas abkühlen lassen. Den Großteil der Flüssigkeit ausdrücken, dann Tamarinde mit einem Löffel durch das Sieb in eine Schüssel streichen, bis das ganze Fruchtfleisch durchgepreßt ist und nur die Kerne und Fasern übrigbleiben.

3 Chilipulver, Kreuzkümmelpulver, Zitronensaft, Zucker und Salz zum Fruchtfleisch geben und gut verrühren. Etwa 1 Std. kalt stellen. Zu allen Hauptgerichten servieren.

Minzsauce

Aus Nordindien · Pikant

Poodina

Zutaten für 6 Portionen:
50 g frische grüne Minze, ersatzweise 2 EL eingelegte Minze
200 g Joghurt (S. 31) · Salz
½ TL Kreuzkümmelpulver
¼ TL Chilipulver

Zubereitungszeit: 10 Min.
(ohne Joghurt)
Pro Portion: 85 kJ/20 kcal

1 Frische Minze waschen, trockenschütteln und kleinhacken.

2 Minze in eine Schüssel geben. Joghurt, Salz, Kreuzkümmel und Chilipulver hinzufügen und alles gut verrühren. Sauce kalt stellen. Zu Pakoras (S. 42), Samosas (S. 38), oder Eierbällchen (S. 36), servieren.

SÜSSE SPEISEN & GETRÄNKE

Süßspeisen sind oft die Krönung eines indischen Essens – ob ein Abendessen in der Familie oder ein riesiges Festmahl, etwas Süßes zum Schluß darf nicht fehlen. Auch zum Tee oder als kleine Zwischenmahlzeit essen die Inder gerne Süßes. Viele Süßspeisen werden aus Milchprodukten gemacht und ähneln Cremes oder Sahnepuddings. Auch aus Früchten, Vollkornmehl und Nüssen zaubern die Inder verführerische Desserts. Die bekanntesten Süßspeisen kommen aus Westbengalen, z. B. Käsebällchen in Sirup (S. 124). Basis vieler Süßigkeiten ist Paneer, eine Art Käse (Rezept S. 28), dem durch Pressen die Feuchtigkeit entzogen wird. Sandesh, eine der ältesten Süßspeisen Indiens (S. 125), wird aus Paneer gemacht. Obwohl die Inder zum Essen meist nur Wasser trinken, gibt es zahlreiche Getränke, die den ganzen Tag über genossen werden, z. B. süße und salzige Joghurtdrinks (S. 133), erfrischende Fruchtsäfte und den berühmten Tee, der gewürzt oder nach englischer Art mit Milch und Zucker getrunken wird. Die Südinder sind leidenschaftliche Kaffeetrinker. Die Kaffeebohnen werden im Laden oder zu Hause frisch geröstet, im Freien abgekühlt und anschließend mit der Handmühle fein gemahlen.

Mangocreme

Aus Gujarat · Gelingt leicht

Malai Am

Zutaten für 4–6 Portionen:
1 reife asiatische Mango (etwa 300 g), ersatzweise 200 g Mangopulp (Mangopüree)
200 g Sahne
2 TL Zucker
zum Garnieren: 1 Bananenblatt

Zubereitungszeit: 10 Min. (+ 1 Std. Kühlen)

Bei 6 Portionen pro Portion: 560 kJ/130 kcal

1 Mango waschen und abtrocknen. Mit einem scharfen Messer schälen, das Fruchtfleisch vom Kern lösen und in Stücke schneiden. Diese mit dem Pürierstab pürieren. (Sie können auch ein paar Stücke ganz lassen und die Creme damit verzieren.)

2 Sahne steif schlagen. Mangopüree und Zucker dazugeben und vorsichtig unterheben.

3 Dessertschüsseln mit abgewischtem und zurechtgeschnittenem Bananenblatt auslegen. Das Dessert in 4–6 Portionsschälchen verteilen und etwa 1 Std. kühl stellen.

Info: Am besten schmeckt die Mangocreme, wenn Sie die indische Alphonso-Mango nehmen. Diese Früchte sind besonders aromatisch und haben keine Fasern. Sie sind zwischen Ende März und Mitte Juli im Asienladen erhältlich. Natürlich schmeckt die Creme auch mit anderen Mangosorten, die Sie das ganze Jahr über bekommen.

Tip! Anstelle der frischen Mango können Sie auch 200 g Mangopulp (Mangopüree) aus der Dose verwenden. Im Asienladen gibt es guten Mangopulp aus indischen Alphonso-Mangos.

Möhrenhalwa

Aus dem Punjab · Braucht etwas Zeit

Gajar Halwa

Zutaten für 4 Portionen:
400 g Möhren
3 EL Ghee (S. 26), ersatzweise Butterschmalz
2 EL Mandelstifte oder -scheibchen
2 EL Weizengrieß
2 EL Rosinen
300 ml Milch
3 EL Zucker
1 TL Kardamompulver
nach Belieben: 1 Bananenblatt

Zubereitungszeit: 50 Min. (ohne Ghee) (+ 1 Std. Kühlen)

Pro Portion: 970 kJ/230 kcal

1 Möhren waschen, schälen und fein raspeln. 2 EL Ghee in einem Topf erhitzen, geraspelte Möhren hineingeben. Bei mittlerer Hitze offen etwa 20 Min. kochen lassen. Dabei häufig umrühren, damit die Möhren gleichmäßig garen und nicht anbrennen.

2 Inzwischen in einer kleinen Pfanne 1 EL Ghee schmelzen lassen, Mandeln und Grieß hineingeben und etwa 5 Min. rösten. Pfanne vom Herd nehmen.

3 Rosinen waschen und trockentupfen. In einem großen Topf Milch mit Zucker und Rosinen zum Kochen bringen. Möhrenmasse und Mandel-Grießmasse hinzufügen und alles bei mittlerer Hitze unter ständigem Rühren etwa 15 Min. kochen lassen, bis die Halwa eindickt. Zum Schluß Kardamom dazugeben und verrühren.

4 Das Halwa auf einen Servierteller stürzen, etwa 1 Std. abkühlen lassen und in Stücke schneiden. Sie können Halwa auch in Dessertschalen füllen, die Sie mit abgewischten Bananenblättern auslegen, und kalt stellen.

Tip! Falls das Halwa zu flüssig ist, können Sie noch etwas Grieß hinzufügen, denn der Grieß bindet die Masse.

Indische Eiscreme

Aus Uttar Pradesh

Kulfi

Zutaten für 6–8 Portionen:
2 EL Reismehl
2 l Milch
10 grüne Kardamomkapseln
130 g Zucker
2 EL Pistazien, gemahlen
1 EL Rosenwasser
nach Belieben: 2–3 EL selbstgeraspelte Kokosflocken

Zubereitungszeit: 30 Min.
(+ 45 Min. Kochen + 2 Std. Kühlen)

Bei 8 Portionen pro Portion:
1000 kJ/240 kcal

1 Reismehl in eine Schüssel geben und mit 5 EL kalter Milch verrühren. Beiseite stellen.

2 Kardamomkapseln mit einem Messer längs halbieren, so daß Sie die Samen herausnehmen können. Samen auf ein Holzbrett legen und mit einem Eßlöffel oder Nudelholz zerdrücken. Restliche Milch in einem Topf mit schwerem Boden zum Kochen bringen. Die Hitze reduzieren, so daß die Milch kocht, aber nicht überkocht. Kardamom dazugeben und etwa 45 Min. bei mittlerer Hitze mit etwas geöffneten Deckel kochen lassen, bis die Milchmenge auf zwei Drittel heruntergekocht ist, dabei häufig umrühren.

3 Reismehlmischung, Zucker und Pistazien hinzufügen, verrühren und alles etwa 10 Min. köcheln lassen.

4 Die eingedickte Milch in eine Schüssel gießen und auf Zimmertemperatur abkühlen lassen. Wenn sie abgekühlt ist, Rosenwasser hinzufügen und gut verrühren. Anschließend in 6–8 Portionsformen (z. B. spitz zulaufende Gläser) füllen und etwa 2 Std. ins Tiefkühlfach stellen. Alle 20 Min. umrühren, damit keine größeren Kristalle enstehen. 6–8 Servierteller-chen oder Eisbecher im Kühlschrank kalt werden lassen.

5 Wenn nach etwa 2 Std. das Umrühren kaum noch möglich ist, die Formen herausnehmen und das Eis auf die gekühlten Tellerchen kippen. Mit Kokosflocken garnieren.

Info: Eis wird in Indien meist bei großen Festlichkeiten angeboten. Manchmal wird es auch in Scheiben geschnitten serviert. Diese Scheiben können Sie mit Kokosflocken oder Rosensirup verzieren.

Milchreis mit Pistazien

Aus Westbengalen

Payesh

Zutaten für 4–6 Portionen:
4 EL Rosinen · 1 l Milch
100 g Basmatireis
2 EL Mandelstifte · 5 EL Zucker
½ TL Kardamompulver
1 EL gehackte, geschälte Pistazien, ungesalzen

Zubereitungszeit: 30 Min.

Bei 6 Portionen pro Portion:
890 kJ/210 kcal

1 Rosinen waschen und trockentupfen. Milch in einem großen Topf unter Rühren zum Kochen bringen. Wenn die Milch zu kochen anfängt, Reis, Rosinen und Mandeln nach und nach dazugeben.

2 Die Hitze reduzieren und die Milch-Reis-Mischung bei schwacher Hitze unter ständigem Rühren etwa 15 Min. köcheln lassen, dann bei mittlerer Hitze etwa 5 Min. kochen, bis die Milch eindickt und der Reis weich wird.

3 Zucker und Kardamompulver unterrühren, den Topf vom Herd nehmen. Den Milchreis in Portionsschälchen verteilen, mit gehackten Pistazien garnieren und warm oder kalt servieren.

Tip! Sie können den Milchreis auch mit etwas Rosenwasser oder Kewda-Wasser (das ist eine Flüssigkeit aus Kakteenextrakt) beträufeln.

Käsebällchen in Sirup

Aus Westbengalen

Rosogolla

Zutaten für etwa 20 Stück (4 Portionen):
300 g Paneer (S. 28)
300 g Zucker
1 EL Rosenwasser

Zubereitungszeit: 50 Min.
(+ 1½ Std. für den Paneer)
(+ 1 Std. Kühlen)

Pro Portion: 350 kJ/83 kcal

1 Trockenen Paneer auf ein Holzbrett oder die Arbeitsfläche legen und mit warmen Handflächen drücken und reiben, bis die Masse weich und glatt ist.

2 Zucker mit 1 l Wasser in einen breiten Topf geben und bei mittlerer Temperatur etwa 5 Min. kochen lassen, bis ein Sirup entstanden ist. Die Hälfte des Sirups in eine Schüssel geben und abkühlen lassen.

3 Den Topf mit dem restlichen Sirup wieder auf die Herdplatte stellen. Aus der Paneermasse etwa 20 walnußgroße Bällchen formen (sie dürfen keinesfalls größer sein, eher etwas kleiner!) und vorsichtig in den leicht köchelnden Sirup legen. Zwischen den Bällchen muß genug Platz sein, denn sie quellen auf. Den Topf schließen und die Bällchen bei schwacher Hitze etwa 10 Min. ziehen lassen.

4 Die fertigen Bällchen vorsichtig mit einem Löffel herausnehmen. Den abgekühlten Sirup mit Rosenwasser mischen und darüber gießen. Das Dessert etwa 1 Std. in den Kühlschrank stellen.

Käsedessert

Aus Bengalen · Etwas schwieriger

Sandesh

Zutaten für etwa 10 Stück (3–4 Portionen):
350 g Paneer (S. 28)
70 g Zucker
2 EL gehackte Pistazien oder Mandeln

Zubereitungszeit: 45 Min. (+ 1½ Std. für den Paneer)

Pro Stück: 710 kJ/170 kcal

1 Trockenen Paneer auf eine Arbeitsfläche geben und mit warmen Handflächen drücken und reiben, bis die Masse weich und sehr glatt ist.

2 Eine Pfanne auf mittlere Hitze erwärmen, Paneer hineingeben. Unter ständigem Rühren Zucker dazugeben und etwa 7 Min. leicht rösten. Die Masse soll nicht zu lange rösten, denn sonst wird der Paneerteig wieder hart.

3 Das Ganze vom Herd nehmen und etwa 1 cm dick auf eine Platte streichen. Etwas abkühlen lassen und in etwa 4 cm große Quadrate schneiden. Mit gehackten Pistazien oder Mandeln bestreuen. Sie können auch aus dem noch warmen Teig mit Förmchen verschiedene Figuren machen, z. B. Fische. Die Fischaugen sind Kardamomsamen. Das Dessert sehr kalt servieren.

Tips! Sie können zu dem Teig auch ein paar Tropfen Rosenwaser oder Lebensmittelfarbe geben. Wenn Sie Sandesh bei einer ganz besonderen Gelegenheit Ihren Gästen anbieten, können Sie das Dessert einmal mit Silberfolie garnieren. Sie bekommen diese Silberfolie, indisch Varkh, im indischen Spezialgeschäft. Es ist reiner Silberstaub, der zu einer dünnen Folie gepreßt wird. Die Silberfolie ist auf beiden Seiten von einem Papier eingehüllt. Ziehen Sie die obere Schicht Papier ab, legen Sie die Folie auf das Sandesh und ziehen Sie das zweite Papier auch ab. Das Silberpapier ist geruch- und geschmacklos und kann mitgegessen werden.

Milchpulverbällchen in Sirup

Aus Gujarat

Gulab Jamun

Zutaten für 20 Bällchen (8–10 Portionen):
750 g Zucker
1 EL Rosenwasser
1 TL schwarze Kardamomkapseln
¼ l Milch
175 g Milchpulver
45 g Weizenmehl (Type 405)
1 TL Backpulver
1 EL Ghee (S. 26), ersatzweise Butterschmalz
½ l Öl zum Fritieren
zum Garnieren: 4 EL Kokosflocken, gehackte Mandeln oder Pistazien

Zubereitungszeit: 55 Min. (ohne Ghee) (+ 1 Std. Ruhen)

Bei 10 Portionen pro Portion: 2300kJ/550 kcal

1 Zucker mit 1 l Wasser in einem Topf erhitzen und etwa 5 Min. bei mittlerer Hitze kochen, bis ein Sirup entstanden ist. Rosenwasser hinzufügen, kurz verrühren und beiseite stellen.

2 Kardamomkapseln zwischen den Fingern oder mit einem Messer öffnen, Samen herausnehmen, auf ein Holzbrett legen und mit einem Eßlöffel zerdrücken. Milch erwärmen. In einer Schüssel Milchpulver, Mehl, Backpulver, Kardamom und Ghee mit den Fingerspitzen vermischen. Erwärmte Milch langsam dazugießen. Alle Zutaten gut vermischen, so daß ein fester, geschmeidiger Teig entsteht.

3 Aus dem Teig Bällchen von etwa 2 cm Durchmesser formen. Der Teig ist ideal, wenn beim Formen etwas Teig an den Händen kleben bleibt. Wenn der Teig zu trocken ist, noch etwas Milch hineinkneten.

4 Öl in einer Karai oder einem breiten Topf etwas erwärmen. (Die Temperatur darf nicht zu hoch sein, damit die Milchbällchen ganz langsam gebacken werden.) Die geformten Bällchen mit einem Schaumlöffel in das Öl geben und bei mittlerer Hitze in etwa 10 Min. goldbraun backen. Hin und wieder mit dem Schaumlöffel wenden.

5 Um zu prüfen, ob die Bällchen gar sind, nehmen Sie ein Bällchen heraus und legen es in den Sirup. Wenn es nach 2 Min. nicht zusammengefallen ist, sind die Bällchen fertig. Herausnehmen, in einem Sieb kurz abtropfen lassen und dann in den Sirup geben. Etwa 1 Std. ziehen lassen, bis sie ganz aufgequollen sind. Kalt oder lauwarm mit dem Zuckerwasser servieren. Nach Belieben mit Kokosflocken, feingehackten Mandeln oder Pistazien bestreuen.

Info: Gulab Jamuns können einige Tage aufbewahrt werden.

Tip! Servieren Sie Gulab Jamuns doch einmal frisch gemacht, nur mit Zucker und Kokosflocken bestreut, zum Tee oder Kaffee.

Grießhalwa

Aus Kerala · Gelingt leicht

Sooji Halwa

Zutaten für 6 Portionen:
300 ml Milch
150 g Zucker
0,1 g Safran
4 EL Ghee (S. 26), ersatzweise Butterschmalz
150 g Weizengrieß
1½ EL Rosinen
3 EL Mandelstifte
1 TL Kardamompulver

Zubereitungszeit: 25 Min. (ohne Ghee)

Pro Portion: 1300 kJ/310 kcal

1 Milch mit 200 ml Wasser, Zucker und Safran in einen Topf geben. Bei mittlerer Hitze zum Kochen bringen und etwa 1 Min. kochen lassen. Beiseite stellen.

2 In einem Topf Ghee erhitzen und Grieß bei mittlerer Hitze in etwa 10 Min. goldbraun anrösten. Dabei ständig rühren, damit der Grieß gleichmäßig bräunt.

3 Rosinen waschen und trockentupfen. Gesüßte Milch, Rosinen, Mandelstifte und Kardamom zum Grieß geben. Bei mittlerer Hitze unter ständigem Rühren etwa 3 Min. kochen lassen, bis die Masse eindickt.

4 Sooji Halwa in Dessertschälchen verteilen und warm oder kalt servieren. (Je kälter das Dessert wird, um so fester wird es auch.)

Info: Sooji Halwa ist die am häufigsten gegessene indische Nachspeise.

Tips! Hübsch sieht es aus, wenn Sie das Halwa mit Rosinen, Pistazien, Mandeln oder auch etwas Obst garnieren. Der Grießpudding hält sich im Kühlschrank mehrere Tage.

Obstkrapfen

Aus Bengalen · Gelingt leicht

Phaler Bora

Zutaten für 4 Portionen:
150 ml Milch
250 g frisches Obst nach Geschmack (z. B. Ananas, Bananen, Äpfel, Birnen oder mehrere Sorten)
150 g Weizenmehl (Type 405)
2 TL Milchpulver
¼ TL Backpulver
1 TL Zimtpulver
1 TL Kardamompulver
300 g Ghee (S. 26), ersatzweise Butterschmalz
1–2 EL Puderzucker

Zubereitungszeit: 30 Min. (ohne Ghee)

Pro Portion: 1600 kJ/380 kcal

1 Milch in einem Topf bei schwacher Hitze erwärmen. Sie soll nur etwa lauwarm sein.

2 Obst (je nach verwendeter Sorte) waschen und schälen. Gewaschenes Obst abtropfen lassen. Früchte in 3–4 cm große Stücke schneiden.

3 Mehl, Milchpulver, Backpulver, Zimt und Kardamom in eine Schüssel geben, warme Milch hinzufügen und alles zu einem dickflüssigen Teig verrühren.

4 Ghee in einem flachen Topf erhitzen. Das Ghee ist heiß genug, wenn ein Teigtropfen, den Sie hineingeben, zischend nach oben steigt. Die Obststücke in den Teig tauchen und portionsweise im Ghee in 3–4 Min. goldbraun backen. Nach etwa 2 Min. wenden und von der anderen Seite backen.

5 Obststücke mit einem Schaumlöffel herausnehmen und in einem Sieb kurz abtropfen lassen. Puderzucker durch ein Sieb darüber streuen. Obstkrapfen warm servieren.

Fadennudeln in Sahnesauce

Aus Gujarat

Semian

Zutaten für 6–8 Portionen:
1½ l Milch
1 TL grüne Kardamomkapseln
1 EL Butter
100 g feine indische oder pakistanische Vermicelli (Fadennudeln)
1 EL gemahlene Pistazien
1 EL gemahlene Mandeln
200 g Sahne · 120 g Zucker
1 TL Rosenwasser
nach Belieben: 1–2 EL gehackte Pistazien zum Verzieren

Zubereitungszeit: 40 Min.

Bei 8 Portionen pro Portion: 1300 kJ/310 kcal

1 Milch in einem Topf zum Kochen bringen, dann auf der ausgeschalteten Herdplatte warm halten. Kardamomkapseln längs mit einem Messer aufschneiden, Samen auf ein Holzbrett legen und mit einem Eßlöffel zerdrücken.

2 In einem größeren Topf Butter schmelzen und die Kardamomsamen kurz anbraten. Vermicelli in kleinere Stücke brechen, diese hinzufügen und bei mittlerer Hitze unter ständigem Rühren etwa 5 Min. anbraten, bis sie leicht bräunlich sind.

3 Milch vorsichtig hinzufügen und bei mittlerer Hitze etwa 5 Min. kochen lassen, dabei öfters so umrühren, daß die Vermicelli nach oben kommen. Pistazien und Mandeln hinzugeben und gut verrühren. Die Hitze reduzieren und das Ganze bei schwacher Hitze etwa 15 Min. offen köcheln lassen, bis die Mischung leicht eindickt. Öfters umrühren.

4 Den Topf vom Herd nehmen, flüssige Sahne, Zucker und Rosenwasser hinzufügen. Das fertige Dessert in 6–8 Dessertschüsselchen geben, evtl. mit gehackten Pistazien garnieren. Semian kann warm oder kalt serviert werden. Je kälter Sie es werden lassen, um so dicker wird es.

Mandel-Reis-Dessert

Aus Rajasthan · Gelingt leicht

Firni

Zutaten für 6 Portionen:
3 EL ganze geschälte Mandeln
200 g Sahne
100 g Zucker
2½ (leicht gehäufte) EL Reismehl
200 ml Milch
2 EL Rosenwasser
1 EL gehackte Mandeln
1 EL gehackte Pistazien

Zubereitungszeit: 45 Min.
(+ 1 Std. Kühlen)

Pro Portion: 1100 kJ/260 kcal

1 In einem Topf ⅛ l Wasser zum Kochen bringen. Geschälte Mandeln dazugeben, den Topf vom Herd ziehen und beiseite stellen. Mindestens 15 Min. zugedeckt stehenlassen.

2 In einem schweren Topf bei mittlerer Hitze Sahne und Zucker aufkochen lassen, dabei ständig rühren, bis sich der Zucker aufgelöst hat. Die Mischung auf der ausgeschalteten Herdplatte warm halten.

3 Die Mandeln mit dem Wasser in einen Mixer geben und fein pürieren, so daß dickflüssige Mandelmilch entsteht.

4 Reismehl zu der Mandelmilch geben, gut verrühren und beiseite stellen.

5 Reismehl-Mandel-Mischung mit kalter Milch verrühren und dann zu der Sahne-Zucker-Mischung geben. Dabei mit einem Schneebesen ständig rühren, damit die Masse nicht klumpt. Alles einmal aufkochen lassen, nach etwa 1 Min. Hitze reduzieren und die Masse bei schwacher Hitze etwas andicken lassen. Rosenwasser hinzufügen und gut verrühren.

6 Zum Servieren in Dessertschälchen verteilen. Etwa 1 Std. kalt stellen. Vor dem Servieren mit gehackten Mandeln und Pistazien garnieren.

Süßes Joghurtgetränk

Aus ganz Indien · Gelingt leicht

Mithi Lassi

Zutaten für 4 Portionen:
500 g Joghurt (S. 31)
¼ l Eiswasser · 4 EL Zucker
zerstoßenes Eis

Zubereitungszeit: 10 Min.
(ohne Joghurt)
Pro Portion: 530 kJ/130 kcal

1 Joghurt, Eiswasser und Zucker mit einem Schneebesen oder in einem Mixer so lange verrühren, bis die Oberfläche schaumig wird.

2 Zerstoßenes Eis dazugeben und das Getränk sofort servieren oder kalt stellen.

Info: Lassi ist ein sehr beliebtes und wegen seines guten Geschmacks und hohen Nährwertes sehr verbreitetes Getränk in Indien.

Variante: Sie können zusätzlich frisches Obst (z. B. Banane, Mango, Erdbeeren) in den Mixer geben.

Salziges Joghurtgetränk

Aus ganz Indien · Erfrischend

Namkin Lassi

Zutaten für 4 Portionen:
500 g Joghurt (S. 31)
¼ l Eiswasser · Salz
½ TL Kreuzkümmelpulver
1 TL Zitronensaft
zerstoßenes Eis
nach Belieben: etwas frische Minze,
1 Zitrone, gewaschen

Zubereitungszeit: 10 Min.
(ohne Joghurt)
Pro Portion: 320 kJ/76 kcal

1 Joghurt, Eiswasser, Salz, Kreuzkümmel (bis auf etwa 1 Prise) und Zitronensaft mit einem Schneebesen oder in einem Mixer vermischen.

2 Zerstoßenes Eis dazugeben. Das fertige Getränk in Gläser füllen und mit restlichem Kreuzkümmel und nach Belieben etwas Minze garnieren.

Variante: Statt Kreuzkümmel können Sie auch etwa 15 g frische Minze verwenden. Minze waschen, trockenschütteln, bis auf 4 Blätter sehr fein hacken und mit in den Mixer geben. Die 4 Blätter zum Garnieren verwenden. Auch mit Zitronenvierteln können Sie das Joghurtgetränk verzieren.

Heiße Milch

Aus ganz Indien · Geht schnell

Garam Doodh

Zutaten für 4 Portionen:
1 l Milch
3 EL Zucker oder Honig

Zubereitungszeit: 10 Min.

Pro Portion: 790 kJ/190 kcal

1 Milch in einem Topf zum Kochen bringen und etwa 5 Min. bei schwacher Hitze köcheln lassen.

2 Milch vom Herd nehmen und Zucker oder Honig hinzufügen. So lange rühren, bis sich der Zucker aufgelöst hat, bzw. die Zutaten gut vermischt sind.

Info: Heiße Milch wird in Indien oft getrunken, natürlich vor allem in der kalten Jahreszeit.

Tip! Sie können die Milch auch mit 3 zerstoßenen Kardamomkapseln, 1 Prise Muskatpulver, etwas Zimt oder einigen Safranfäden würzen.

Rosengetränk

Aus Gujarat · Gelingt leicht

Gulab Sharbat

Zutaten für 30 Gläser:
600 g Zucker · 1 EL Rosenwasser
5 Tropfen rote Lebensmittelfarbe
zerstoßenes Eis

Zubereitungszeit: 15 Min.

Pro Glas (3 EL): 340 kJ/81 kcal

1 Zucker mit 1 l Wasser in einen Topf geben und bei mittlerer Hitze so lange kochen lassen, bis sich der Zucker aufgelöst hat. Die Mischung bei schwacher Hitze etwa 5 Min. halboffen köcheln lassen. Topf von der Herdplatte nehmen und Zuckerwasser kühl stellen.

2 Wenn das Zuckerwasser abgekühlt ist, Rosenwasser und Lebensmittelfarbe hinzufügen und gut verrühren.

3 Vor dem Servieren 2–3 EL von dem angerührten Rosensirup in jedes Glas geben. Mit kaltem Wasser und zerstoßenem Eis auffüllen. Je nachdem, wie intensiv das Getränk schmecken soll, können Sie auch mehr oder weniger Rosensirup verwenden.

Info: Den Sirup können Sie im Kühlschrank 1–2 Wochen aufheben.

Nektargetränk

Aus ganz Indien · Erfrischend

Panch Amrita

Zutaten für 6 Portionen:
½ frische Kokosnuß (ergibt etwa 150 g)
2 reife asiatische Mangos (etwa 500 g)
100 g Zucker oder 120 g Honig
½ l Milch · 250 g Joghurt (S. 31)
50 ml Kokoswasser aus der Nuß
1 EL Rosenwasser · zerstoßenes Eis

Zubereitungszeit: 35 Min.
Pro Portion: 1200 kJ/290 kcal

1 Die Kokosnuß so öffnen, wie auf S. 111 beschrieben ist, das Fruchtfleisch von der weichen, braunen Haut befreien und kleinschneiden.

2 Mangos waschen und schälen. Fruchtfleisch kleinschneiden. Mit Kokosnußfleisch und Zucker oder Honig in einen Mixer geben und zu einem Brei pürieren.

3 Milch, Joghurt, ¼ l kaltes Wasser und Kokoswasser hinzufügen und alles gut vermischen. In einen Krug umfüllen, Rosenwasser und zerstoßenes Eis dazugeben und kurz umrühren.

Tip! Für die Mangoblüte brauchen Sie eine feste Mango. Mit einem Sparschäler schneiden Sie rundherum einige Streifen ab und legen sie in Blütenform zusammen.

Indischer Kaffee

Aus Tamil Nadu · Würzig

Kofi

Zutaten für 6 Portionen:
1 l Milch
10 TL Kaffeepulver, fein gemahlen
4 grüne Kardamomkapseln
6 TL Zucker

Zubereitungszeit: 20 Min.
Pro Portion: 530 kJ/130 kcal

1 Milch und 1 l Wasser in einen Topf geben und zum Kochen bringen.

2 Kaffeepulver dazugeben, Mischung noch einmal kurz aufkochen lassen. Kardamom und Zucker hinzufügen und bei schwacher Hitze etwa 3 Min. köcheln lassen.

3 Die Mischung durch ein Sieb gießen und warm servieren.

Tip! Am besten nehmen Sie Espresso für dieses Rezept. Es schmeckt aber auch mit anderen Sorten.

Gewürzter Tee

Aus Uttar Pradesh · Belebend

Masala Tshai

Zutaten für 4 Portionen:
1 Stück Zimtrinde (5 cm)
4 grüne Kardamomkapseln
2 schwarze Kardamomkapseln
6 Nelken
5 TL schwarzer Tee
½ l Milch
Zucker oder Honig nach Geschmack

Zubereitungszeit: 20 Min.

Pro Portion: 330 kJ/79 kcal

1 Zimt, Kardamom und Nelken in einer Pfanne ohne Fett bei mittlerer Hitze etwa 2 Min. anrösten.

2 Geröstete Gewürze mit ½ l Wasser in einen Topf geben, Wasser zum Kochen bringen. Bei schwacher Hitze zugedeckt etwa 5 Min. köcheln lassen.

3 Tee, Milch und Zucker oder Honig dazugeben und erneut zum Kochen bringen. Den Topf vom Herd nehmen und alles 3–5 Min. zugedeckt ziehen lassen. Tee durch ein Sieb in eine Kanne gießen und sofort heiß servieren.

Info: Dies ist das Rezept für den traditionellen indischen Gewürztee, der auch nach einem ausgiebigen Essen köstlich schmeckt. Manche Inder würzen ihren Tee auch mit Koriander, Ajwain, Pfeffer, Ingwer oder Fenchel. Diese Gewürze geben nicht nur ein feines Aroma, sie erzeugen auch Körperwärme und werden daher gerne in kälteren Regionen zum Würzen verwendet.

Tip! Für die Zubereitung des Gewürztees sollten Sie einen kräftigen Assam- oder Nilgiri-Tee nehmen.

Teesorten

Jedes Teeblatt wird von Hand gepflückt.

Der immergrüne Teestrauch ist seit über 5000 Jahren bekannt. Er wächst am besten in den Tropen und Subtropen und gehört zur Gattung der Kamelien. Ob die ursprüngliche Heimat des Tees Indien oder China ist, weiß man bis heute nicht genau, fest steht aber, daß einige der besten Teesorten aus Indien stammen. Die Anbaugebiete für Tee liegen in Indien Tausende von Kilometern auseinander. So unterschiedlich wie die Gegenden sind auch Stärke, Geschmack, Aroma und Farbe des Tees. Der berühmte Darjeeling-Tee wächst an den Südhängen des Himalayagebirges in 2000 m Höhe. Durch die intensive Sonne und die Kühle der Nacht wachsen die Blätter besonders langsam, ein Kriterium für die Qualität des Tees. Das langsame Wachstum bewirkt z. B., daß er so lieblich und zart schmeckt. Darjeeling gehört zu den teuersten und edelsten Tees der Welt. Assam im Osten ist das größte Teeanbaugebiet der Welt. Assamtee schmeckt kräftig und würzig und eignet sich gut für Teemischungen und zum Zubereiten von gewürztem Tee. Im Südwesten wächst Nilgiritee, ein herber Tee, dem Ceylontee ähnlich.

Typische Speisenkombinationen

Bei einer indischen Mahlzeit werden alle Gerichte auf einer Thali, das ist ein großes Tablett aus Messing oder Edelstahl, serviert. Reis, Fladenbrot und andere »trockene« Speisen werden direkt auf die Thali gelegt, flüssige oder halbflüssige Speisen werden in kleinen Metallschälchen, die Katooris heißen, auf die Thali gestellt. In Indien werden alle Gerichte gleichzeitig gereicht und in beliebiger Reihenfolge gegessen; es gibt keine strenge Menüfolge. Eine indische Mahlzeit setzt sich aus drei Grundelementen zusammen: der Hauptspeise, den Nebengerichten und den Beilagen. Eine Hauptspeise besteht aus Fleisch, Geflügel, Fisch oder Meeresfrüchten oder, wenn vegetarisch gegessen wird, aus Gerichten mit Gemüse, Eiern und Reis. Nebengerichte sind Dals, Raitas und Chutneys, Beilagen sind Brot und Reis – eine Beilage muß mindestens serviert werden. Gerne werden auch kleine Snacks oder Vorspeisen serviert. Wenn die Inder Gäste haben, ist es üblich, gleich zu Beginn des Abends mehrere köstliche Snacks zu servieren. Die Hauptmahlzeit gibt es oft 1–2 Std. später. Der Abschluß einer indischen Mahlzeit ist das Dessert. Hier behelfen sich die Inder auch manchmal mit gekauften Süßspeisen, denn die Herstellung einiger Köstlichkeiten ist etwas zeitaufwendig. Wenn wir an dieser Stelle Desserts empfehlen, die Sie kaufen können, so sind diese mit einem Sternchen versehen. Grundsätzlich kann man sagen, daß die Inder die Elemente einer Mahlzeit sehr beliebig kombinieren, Raitas und Chutneys werden sowohl zu Vorspeisen als auch zu Hauptgerichten gegessen, Gemüsegerichte können Hauptspeise, aber auch Nebengericht sein – die einzig strenge Regel ist, daß eine der Beilagen serviert wird, sonst ist eine indische Mahlzeit nicht komplett. Das hat gute Gründe. Erstens sind viele indische Gerichte etwas flüssig. Diese Speisen und die Saucen können ohne die trockenen Beilagen Brot und Reis schlecht aufgenommen werden. Darüber hinaus sind viele indische Gerichte scharf gewürzt und sollten durch eine milde Beilage etwas »entschärft« werden.

Eine indische Mahlzeit soll zuerst das Auge, dann die Nase und schließlich den Gaumen verführen. Die Dals und Gemüsegerichte, garniert mit Zitronenstücken oder -scheiben und frischem Koriander, die Süßspeisen in den verschiedenen Farben und Formen sowie das hausgemachte Brot bestechen das Auge: Das Aroma der Gewürze und der Duft der frischen Zutaten erfreuen die Nase, und die Ausgewogenheit zwischen pikanten und milden Speisen verwöhnt auch den anspruchsvollsten Gaumen. Als Getränk reichen die Inder nur Wasser. Meistens wird unmittelbar nach einem indischen Essen kein Tee oder Kaffee ausgeschenkt, statt dessen kauen die Inder Pan Masala, eine Mischung aus Betelnuß und verschiedenen Gewürzen, um den Atem zu erfrischen und den Magen zu beruhigen. Traditionell wird in Indien mit den Fingern der rechten Hand gegessen. Die Inder sagen, daß der volle Geschmack und das spezielle Aroma ihrer Speisen so besser zur Geltung kommen, als wenn Besteck benutzt wird.

Kombinationen für 2 Personen (Portionen halbieren)

Fisch in pikanter Senfsauce 67
Basmatireis 88
Apfelchutney 114
Süßigkeit aus Kichererbsenmehl*

Gewürzte Linsenfladen 40
Weißkohl mit Erbsen 72
Fritiertes Vollkornbrot 99
Kokosnußchutney 111
Mangocreme 120

Linsen in Currysauce 47
Hackfleisch mit Erbsen 56
Fladenbrot 98
Gurken-Tomaten-Salat 108
Fadennudeln in Sahnesauce 130

Gemüsekrapfen 42
mit Minzsauce 116
Riesengarnelen mit Kokos 68
Basmatisreis 88

Pikante Munglinsen 46
Eiercurry 87
Basmatireis 88
Tomatenchutney 115

Einfache Kombinationen für 4 Personen

Rote Linsen mit Koriander 44
Gewürzte Linsenfladen 40
Eiercurry 87
Basmatireis 88
Gurken-Tomaten-Salat 108

Gemüsekrapfen 42
mit Minzsauce 116
Kichererbsen mit Lammfleisch 49
Fritiertes Vollkornbrot 99
Mangocreme 120

Gelbe Linsen mit Kokos 42
Gebackene Auberginen 80
Hähnchencurry 58
Basmatireis 88
Joghurtgetränk, süß oder salzig 133

Linsen in Currysauce 47
Okra mit Kokosnuß 76
Kartoffeln mit Mohnsamen 73
Basmatireis 88
Gewürzter Tee 136

Gefüllte Pasteten 38
Auberginensalat 108
Hackfleisch mit Erbsen 56
Fladenbrot 98

Gefüllte Pfannkuchen 102
Kokosnußchutney 111
Indische Eiscreme 122
Indischer Kaffee 134

Vegetarische Kombinationen für Gäste und Feste (6–8 Personen)

Gemüsekoteletts 36
Auberginensalat 108
Gerösteter weißer Rettich 81
Eiercurry 87
Gefülltes fritiertes Fladenbrot 100
Basmatireis 88
Mangochutney 112
Käsedessert 125
Gewürzter Tee 136

Gemüsekrapfen 42
mit Minzsauce 116
Gewürzte Linsenfladen 40
Reis-Linsen-Gemüse-Eintopf 91
Tomatenchutney 115
Milchreis mit Pistazien 122
Gewürzter Tee 136

Eierbällchen 36
Gurken-Tomaten-Salat 108
Weißkohl mit Erbsen 72
Okra mit Kokosnuß 76
Gemüse-Safran-Reis 89
Gefülltes fritiertes Fladenbrot 100
Grießhalwa 128
Nektargetränk 134

Linsenkuchen in Joghurtsauce 41
Omelett in Currysauce 87
Kartoffelcurry mit Mohn 73
Hefebrot 96
Basmatireis 88
Apfelchutney 114
Käsebällchen in Sirup 124
Indischer Kaffee 134

Gefüllte Pasteten 38
Kartoffel-Blumenkohl-Curry 75
Gebackene Auberginen 80
Geschichtetes Brot 104
Basmatireis 88
Mangochutney 112
Süßes Joghurtgetränk 133

Linsen in Currysauce 47
Gewürzte Linsenfladen 40
Eierbiriyani 93
Gemüsebällchen in Sauce 82
Tomatenchutney 115
Indische Eiscreme 122
Gewürzter Tee 136

Pikante Munglinsen 46
Okra mit Kokosnuß 76
Spinat mit Zwiebeln 78
Hefebrot 96
Gemüse-Safran-Reis 89
Bananen-Kokosnuß-Joghurt 110
Mandel-Reis-Dessert 131
Salziges Joghurtgetränk 132

Rote Linsen mit Koriander 44
Linsenkuchen in Joghurtsauce 41
Auberginen in Senfsauce 84
Eiercurry 87
Basmatireis 88
Fladenbrot 98
Fadennudeln in Sahnesauce 130

Nichtvegetarische Kombinationen für Gäste und Feste (6–8 Personen)

Pikante Munglinsen 46
Gemüsekrapfen 42
Auberginen in Senfsauce 84
Scharf-saures Lammfleisch 55
Gemüse-Safran-Reis 89
Fritiertes Vollkornbrot 99
Mangochutney 113
Milchreis mit Pistazien 122

Gemüsekoteletts 36
mit Minzsauce 116
Spinat mit Zwiebeln 78
Roter Lammfleischtopf 52
Geschichtetes Brot 104
Basmatireis 88
Apfelchutney 114
Süßes Joghurtgetränk 133

Rote Linsen mit Koriander 44
Eierbällchen 36
Gurken-Tomaten-Salat 108
Reis-Linsen-Gemüse-Eintopf 90
Ausgebackener Fisch 67
Bananen-Kokosnuß-Joghurt 110
Käsedessert 125
Rosengetränk 134

Gefüllte Pasteten 38
mit Minzsauce 116
Eierbiriyani 93
Tandoori-Hähnchen 60
Weißkohl mit Erbsen 72
Käsebällchen in Sirup 124
Gewürzter Tee 136

Gefüllte Pasteten 38
mit Minzsauce 116
Gerösteter weißer Rettich 81
Huhn in Mandelsauce 59
Gemüse-Safran-Reis 89
Fritiertes Vollkornbrot 99
Mangochutney 112
Mandel-Reis-Dessert 131
Gewürzter Tee 136

Kichererbsen mit Lamm 49
Fritiertes Vollkornbrot 99
Okra mit Kokosnuß 76
Fisch in pikanter Senfsauce 67
Basmatireis 88
Auberginensalat 108
Mangocreme 120
Süßes Joghurtgetränk 132

Linsen in Currysauce 47
Gewürzte Linsenfladen 40
Auberginen in Senfsauce 84
Roter Lammfleischtopf 52
Hefebrot 96
Basmatireis 88
Apfelchutney 114
Süßes Joghurtgetränk 132

Kombinationen fürs Picknick (4–6 Personen)

Die Inder essen sehr gerne im Freien. Wann immer sich eine Gelegenheit bietet – netter Besuch, ein freier Tag –, verlassen sie die Stadt. Die wohlhabenden Inder fahren in gemietete Landhäuser und machen dort Picknick, die ärmeren Familien gehen in öffentliche Parks. Einige Gerichte werden schon zu Hause zubereitet, andere Köstlichkeiten auf den mitgebrachten kleinen Kohleöfen frisch zubereitet. Die Familien verbringen den ganzen Tag draußen, und jeder ißt, wann er Lust dazu hat.

Gemüsekoteletts 36
Omelett in Currysauce 87
Fritiertes Vollkornbrot 99
Obstkrapfen 128

Eierbällchen 36
Weißkohl mit Erbsen 72
Geschichtetes Brot 104
Tomatenchutney 115

Gemüsekrapfen 42
mit Minzsauce 116
Kartoffel-Blumenkohl-Curry 75
Fladenbrot 98

Reis-Linsen-Gemüse-Eintopf 90
Gewürzte Linsenfladen 40
Mangochutney 112
Hähnchencurry 58

Gefüllte Pasteten 38
Huhn in Mandelsauce 59
Basmatireis 88
Kürbis mit Kichererbsen 76

Glossar

Achar → Pickles

Adrak → Ingwer

Ajwain (Thymiansamen)**:** Der Samen eines in Asien beheimateten Doldengewächses. Im Geruch ähnlich wie Thymian, aber nicht mit ihm verwandt. Daher sollten Sie im Asienladen nach Ajwain fragen, damit Sie bestimmt das richtige Gewürz bekommen. Ajwain wird in der indischen Küche für Gemüsegerichte und verschiedene Brotsorten verwendet.

Amchur → Mangopulver

Anis: Eine der ältesten und vielseitigsten Gewürzpflanzen. Nach der Mahlzeit reicht man in Indien Anis, um die Verdauung anzuregen. → Pan Masala

Arahar Dal → Toor Dal

Asafötida: Ein Harz, das aus der Wurzel der Ferula asafoetida gewonnen wird und eine starke heilmedizinische Wirkung hat. Wegen seines ausgeprägten Geschmacks wird es nur in kleinen Mengen verwendet. Im Handel auch unter den Namen Teufelsdreck und Hing erhältlich.

Ata → Chapatimehl

Basilikum: Das indische Basilikum gehört zur gleichen Familie wie unser Basilikum. Das Aroma ist sehr intensiv, die Pflanze gilt in Indien als heilig und wird bei Festen als Opfergabe verwendet.

Basmatireis: Indischer Duftreis (Rezept S. 88)

Besan → Kichererbsenmehl

Betelnuß → Pan Masala

Bockshornkleeblätter: Die grünen Blätter werden zum Würzen von Gemüse-, Dal-, Geflügel- und Fleischgerichten verwendet.

Bockshornkleesamen: Hellbraune Samenkörner, die zum Würzen von verschiedenen Currys verwendet werden.

Cashewnuß: Die nierenförmige Nuß des Cashewbaumes wird in Indien gern geknabbert und manchen Reisgerichten und Nachspeisen beigefügt.

Chana Dal: (gelbe Linsen) → Dal

Chapatimehl: Eine spezielle Mischung aus Weizenschrotmehl und Weizenmehl. Im indischen Spezialgeschäft unter dem Namen Chapati-Ata erhältlich.

Chilischoten: S. 64

Chutney: Gewürzte Dips oder Pasten aus Gemüse oder Kräutern, die als Nebengerichte gereicht werden. Einige Sorten sind im Spezialgeschäft erhältlich, besser schmecken sie natürlich selbstgemacht (Rezepte ab S. 111).

Curry: Sammelbegriff für indische Gemüse-, Fleisch-, Fisch- und Eiergerichte, die in Sauce gegart werden. Leitet sich vom indischen Wort Kari ab, das Gewürzsauce oder Gewürzpulver bedeutet.

Curryblätter: Blätter des Currybaumes, werden frisch oder getrocknet zum Würzen verwendet. Sie beruhigen den Magen.

Currypulver: Eine Gewürzmischung, die in jeder Region und von jeder Familie etwas anders gemacht wird (Rezept S. 33).

Dahi → Joghurt

Dal: Verschiedene Sorten von Hülsenfrüchten, meist halbiert und geschält (S. 49).

Degi Mirch → Paprika

Fenchel: In Indien hat der Fenchelsamen als Gewürz große Bedeutung, er hilft gegen Bauchschmerzen und Blähungen. Fenchel ist ein beliebter Bestandteil des → Pan Masala.

Fünfgewürzmischung: Eine Mischung aus ganzen Bockshornkleesamen, Fenchelsamen, Kreuzkümmelsamen, schwarzen Senfsamen und Zwiebelsamen. Die Mischung wird in heißem Öl kurz angebraten und würzt viele Gemüsecurrys und Chutneys.

Garam Masala: Eine Gewürzmischung aus verschiedenen gerösteten und gemahlenen Gewürzen, die Sie im Asienladen auch fertig kaufen können (Rezept S. 27). Kann sehr unterschiedlich gemischt sein.

Gelbwurzel → Kurkuma

Ghee: Die indische Bezeichnung für Butterschmalz. Ghee ist als Kochfett in der indischen Küche sehr verbreitet (Rezept S. 26).

Granatapfelkerne: Um manchen Gerichten einen süß-sauren Geschmack zu geben, werden Granatapfelkerne in gemahlener Form zugegeben.

Grieß: Indischer Grieß wird aus Hartweizen hergestellt und für viele köstliche Süßigkeiten verwendet.

Gur: Rohzucker aus dem Saft bestimmter Palmen oder aus Zuckerrohr. Ist gesünder als raffinierter Zucker, da die Nährstoffe des Zuckerrohr- und Palmensaftes noch enthalten sind.

Hari Mirch: Frische grüne Chilischoten

Hing → Asafötida

Imli → Tamarinde

Ingwer: Die Ingwerwurzel wird zu zahlreichen indischen Gerichten gegeben, am besten frisch geschält und gerieben oder im Mörser zerkleinert. Ingwer wirkt appetitanregend und entzündungshemmend.

Jaggery → Gur

Joghurt: Wird zu vielen indischen Gerichten gegeben (Rezept S. 31). Sie können auch gekauften Joghurt mit mindestens 3,5% Fett verwenden. Je mehr Fett der Joghurt enthält, desto geringer ist die Gefahr, daß er beim Kochen gerinnt. Griechischer Joghurt mit 10% Fett eignet sich übrigens auch sehr gut.

Kala Chana: Braune Kichererbsen

Kala Jeera: → Schwarzer Kreuzkümmel

Kardamom: Die Kardamompflanze wächst in Südindien. Ihre grüne oder schwarze Frucht ist eine Kapsel, in der die Samen, das Gewürz, enthalten sind. Kardamom wird sowohl für Fleisch- und Geflügelgerichte als auch für süße Gerichte verwendet, in der indischen Küche meistens der grüne. Für einige Gerichte muß die Kapsel geöffnet werden, dann wird nur der Samen verwendet.

Kardamom ist ebenfalls ein Bestandteil des → Pan Masala.

Kari → Curry

Kasoori Methi → Bockshornkleeblätter

Kewda-Wasser: Kaktusextrakt, mit Wasser verdünnt; würzt Fleisch, Reis und Süßspeisen. Es verleiht den Speisen einen feinen Duft.

Khas khas: Weißer Mohn

Kichererbsenmehl: Aus Kichererbsen hergestelltes Mehl, das einen speziellen Geschmack hat und daher nicht durch anderes Mehl ersetzt werden kann.

Knoblauch: Eine wichtige Zutat in der indischen Küche. Knoblauch gibt nicht nur einen guten Geschmack, er wirkt auch antiseptisch. Gegen den Geruch helfen Petersilie, Kardamom und Nelken.

Kokosnuß: Wird vor allem in Südindien sehr häufig und vielseitig verwendet, S. 111.

Koriander: Ein wichtiges Gewürz in der indischen Küche. Sowohl die Samen (ganz oder gemahlen) als auch die frischen Blätter werden verwendet, S. 44.

Kreuzkümmel: Es gibt schwarzen und hellen Kreuzkümmel. Er wird in fast allen Speisen verwendet, fördert die Verdauung und wirkt appetitanregend, S. 90.

Kurkuma: Kurkuma ist ein wichtiger Bestandteil des Currypulvers, S. 78.

Lassan → Knoblauch

Lebensmittelfarbe: Geschmackloses Pulver, das manche Speisen, z. B. das Tandoori-Hähnchen, färbt.

Lorbeerblätter: Lorbeerblätter werden zu sehr vielen indischen Gerichten gegeben. Die Inder entfernen sie nicht vor dem Servieren des Gerichtes.

Loung → Nelken

Mango: S. 113

Mangopulp: Mangopüree, das aus süßen indischen Mangos hergestellt wird. Für Süßspeisen und Getränke.

Mangopulver: Gewürz aus unreifer, getrockneter, pulverisierter Mango, S. 113.

Masala: Das Hindiwort für Gewürzmischung. Alle Gewürzmischungen heißen Masala.

Masoor Dal: rote, geschälte, halbierte Linsen → Dal

Methi → Bockshornkleesamen

Minze: Frische Minze würzt in Indien nicht nur Tees, sondern auch Hülsenfrüchte, Fleischgerichte und Süßigkeiten. Minze ist auch Grundlage für Chutneys und Saucen.

Mohnsamen: Indische Mohnsamen sind weiß und werden zum Andicken von Saucen und für Gewürzmischungen verwendet.

Moong Dal: Munglinsen → Dal

Muskat: Die Muskatblüte ist die getrocknete Hülle, die die harte Muskatnuß umgibt. Das Aroma der Blüte ist milder, sie wird häufig für Gebäck verwendet. Die Muskatnuß würzt süße und salzige Gerichte. Am besten reiben Sie sie erst kurz vor Gebrauch.

Nelken: Nelken sind die getrockneten Blütenknospen des immergrünen tropischen Nelkenstrauches. Geröstet und gemahlen sind sie Bestandteil vieler Gewürzmischungen.

Okra: Bohnenähnliches, hellgrünes Gemüse, das in Indien sehr beliebt ist.

Öl: Die Inder verwenden zum Braten und Fritieren meistens geschmacksneutrales Pflanzenöl. Erdnußöl und Senföl sind in Zentral- und Nordindien ebenfalls sehr beliebt. Im Süden wird oft Kokosnußöl anstelle von → Ghee verwendet. Senföl dient in den Rezepten dieses Buches in erster Linie als Würzöl, das den Gerichten einen pikanten Geschmack verleiht. Kaufen Sie Senföl im indischen Spezialgeschäft, das Öl aus der Apotheke ist viel zu scharf. Senföl ist bei uns als Lebensmittel nicht zugelassen, was manchmal auf den Flaschen vermerkt ist. Sie können es aber ohne Bedenken verwenden.

Panch Foron → Fünfgewürzmischung

Paneer: Selbstgemachter Frischkäse, er wird einigen Gemüsegerichten zugegeben und für Nachspeisen verwendet (Rezept S. 28).

Pan Masala: Eine Gewürzmischung, die aus Betelnuß, Fenchel, Kardamom, Anis oder auch anderen Gewürzen bestehen kann. In ein Betelblatt gewickelt, mit einer Nelke zugesteckt, wird das Pan Masala nach dem Essen gereicht, um den Atem zu erfrischen und die Verdauung anzuregen.

Papad: Dünne getrocknete Linsenfladen. Im Süden heißen sie Papadam (Rezept S. 40).

Paprika: Indischer Paprika kommt größtenteils aus Kashmir. Für die meisten indischen Gerichte wird milder Paprika verwendet, dem hierzulande der edelsüße entspricht. In der indischen Küche wird Paprika vielfach in erster Linie wegen der schönen Farbe verwendet, die er den Speisen verleiht.

Pfeffer: Eines der am meisten verwendeten Gewürze in Indien, S. 53.

Pickles: In Öl eingelegte, mild bis scharf gewürzte Früchte, die zu vielen indischen Gerichten serviert werden. Pickles sind in Spezialläden in großer Auswahl erhältlich. Besonders beliebt sind Chili-Pickles, Lime-Pickles, Mango-Pickles und Knoblauch-(Garlic-)Pickles.

Poodina → Minze

Reis: Eines der Grundnahrungsmittel in Indien. Er wird zu zahlreichen Gerichten der vegetarischen und der nichtvegetarischen Küche serviert. Der feinste Reis in Indien ist → Basmatireis.

Rohzucker → Gur

Rosenwasser: Eine verdünnte Essenz, die aus frischen Blütenblättern einer bestimmten Rosenart gewonnen wird. Es wird zum Aromatisieren von Süßspeisen und Getränken verwendet.

Saag: Sammelbegriff für Blattgemüse, z. B. Blattspinat oder Senfblätter.

Sambar: Aus Sambargewürz gemachter Dip (Rezept S. 32), der zu Pfannkuchen gereicht wird.

Sambargewürz: Mischung aus gemahlenen Gewürzen und Dals (Rezept S. 32).

Safran: Safran sind die getrockneten Blütennarben einer Krokusart. Safran gilt als König der Gewürze, weil er so kostbar ist. Um 1 kg Safran zu gewinnen, benötigt man etwa 100 000 Blüten, deren Narben per Hand gepflückt werden. Safran hat einen zartbitteren Geschmack, ein sehr feines Aroma und wird für Reisgerichte, Süßspeisen und zum Backen verwendet.

Schwarzes Salz: Dunkelbraunes bis schwarzes Salz mit pikant rauchigem Geschmack. Im Spezialgeschäft erhältlich.

Senf: S. 85

Sesamsamen: Sie werden in Indien hauptsächlich für Süßspeisen verwendet. Die Samen haben einen milden, nußartigen Geschmack.

Sev: Pikantes indisches Knabbergebäck aus Nudeln, Hülsenfrüchten und verschiedenen Gewürzen. Wird in Indien auf Partys angeboten. Im Spezialladen gibt es eine große Auswahl von mild bis pikant.

Sooji → Grieß

Sounf → Fenchel

Tamarinde: Das Fruchtmark der zimtfarbenen Früchte des Tamarindenbaumes wird zum Abschmecken einiger Gerichte verwendet; es gibt den Speisen einen leicht säuerlichen Geschmack. Auch Chutneys und Saucen werden in Indien damit gemacht. Im Spezialgeschäft in gepreßten Päckchen oder als Paste erhältlich.

Tandoor: S. 60

Tandoor-Mix: Eine Mischung aus verschiedenen Gewürzen zum Abschmecken der Tandoor-Gerichte. Gibt es im Spezialladen als Tandoori-Masala (trockene Mischung) oder Tandoori-Paste fertig zu kaufen.

Tee: Das indische Alltagsgetränk zu allen Tages- und Jahreszeiten, S. 137.

Toor Dal: Linsen, die mit einer Ölschicht überzogen sind → Dal

Tulsi → Basilikum

Urid Dal: Uridlinsen → Dal

Varkh: Hauchdünne Silberfolie, mit der bei festlichen Gelegenheiten Speisen überzogen werden.

Vermicelli: Dünne Fadennudeln, die in Indien für Desserts, z. B. Semian (S. 130), verwendet werden. Kaufen Sie unbedingt indische oder pakistanische Vermicelli im Spezialgeschäft. Mit italienischen Vermicelli gelingt das Dessert nicht.

Weißer Riesenrettich: Ein sehr großer weißer Rettich von ca. 35 cm Länge. Er ist milder im Geschmack als der bei uns übliche. Im indischen Spezialladen und im Feinkostladen erhältlich.

Yamswurzel: Eine kartoffelähnliche Wurzelknolle mit würzigem Geschmack.

Zimtrinde: In Indien wird die Rinde des Kassia-Strauches getrocknet und zum Würzen verwendet. Zimtrinde ist etwas geschmacksintensiver als die bei uns gebräuchlichere Zimtstange.

Zucker → Gur

Zwiebelsamen: Zwiebelsamen sind kleine, tropfenförmige Samen, die für Pickles, Fleischcurrys und verschiedene Brotsorten verwendet werden.

Abkürzungen:

TL	=	Teelöffel
EL	=	Eßlöffel
Msp.	=	Messerspitze
kJ	=	Kilojoule
kcal	=	Kilokalorie

Rezept- und Sachregister

Umschlag-Vorderseite: Das Bild zeigt (von links hinten gegen der Uhrzeigersinn) Kartoffel-Blumenkohl-Curry (S. 75), Rote Linsen mit Koriander (S. 44), Gemüse-Safran-Reis (S. 89), Tandoori-Hähnchen (S. 60), Fladenbrot (S. 98), Fritiertes Vollkornbrot (S. 99), Mangocreme (S. 120) und ein Joghurtgetränk (S. 133).

Die Bilder ohne Bildunterschriften zeigen: Die Fotos auf S. 4/5 von oben im Uhrzeigersinn: Das Stadttor von Jaipur, Inder bei der Feldarbeit, ein heiliger Asket, der Jaintempel in Calcutta und eine Inderin aus Rajasthan im Festgewand.
Das Foto auf S. 8/9 zeigt das berühmte Taj Mahal in Agra.
Umschlag Rückseite: Das Bild zeigt Straßenbäcker, die in großen Karais fritieren.

Bikash und Marcela Kumar
Bikash Kumar wurde 1951 in Calcutta geboren. Nach der Schule machte er eine Ausbildung als Druckfachmann. Seit 1973 lebt er in Deutschland. Eines seiner Lebensziele ist es, den Deutschen die Geschichte, die Kultur, die Lebensgewohnheiten und die Küche seiner Heimat nahezubringen. Lange Jahre war er im indischen Kulturverein in München aktiv tätig. Zu Hause spricht er mit seinen Kindern nur Bengalisch, seine Muttersprache. Seine Frau Marcela Kumar kommt aus Prag, lebt aber schon seit ihrer Kindheit in München. Sie war lange im Gesundheitswesen tätig. Ihre Liebe zu Indien, das Interesse an Geschichte und Kultur und eine Leidenschaft für die indische Küche hat Marcela Kumar auf zahlreichen Reisen mit ihrem Mann entdeckt. Die Autoren geben seit 10 Jahren gemeinsam Kochkurse für indische Küche an der Volkshochschule. Sie besitzen außerdem in München eines der ältesten Geschäfte mit indischen Lebensmitteln, Gewürzen und Spezialitäten. Sie leben mit ihren beiden Töchtern in München.

FoodPhotography Eising
Pete A. Eising und Susanne Eising haben sich ausschließlich auf Food-Fotografie spezialisiert. In ihrem Studio für Lebensmittelfotografie entstehen anspruchsvolle Food- und Getränkeaufnahmen. Zum Kundenkreis gehören Werbeagenturen und Industrieunternehmen, Zeitschriftenredaktionen und Kochbuchverlage. An das Fotostudio ist eine Bildagentur mit Sitz in München und in der Schweiz angeschlossen – selbstverständlich mit dem Hauptthema Food. Martina Görlach ist im Studio für die Requisite zuständig und wirkt auch bei der fotografischen Gestaltung mit.

Dietrich Ebert
Er studierte Grafik-Design an der Akademie der bildenden Künste in Stuttgart, war Professor an der Hochschule in Braunschweig und arbeitet seit 1982 als freier Grafik-Designer und Illustrator. Er beherrscht eine Fülle von Stilrichtungen und hat für dieses Buch stimmungsvolle, farbenfrohe Illustrationen geschaffen.

Wir danken folgenden Galerien, die uns großzügig Requisiten für die Rezeptfotos zur Verfügung gestellt haben:
Sathi, Kirchenstr. 32, 81675 München;
Galerie Soin, Parminder Soin;
Alte indische und asiatische Kunst GmbH, Leopoldstr. 118, 80802 München.

Bezugsquelle für indische Lebensmittel:
Sathi, Kirchenstr. 32, 81675 München
Tel: (089) 48 45 04, Fax: (089) 903 0455.

Bildnachweis
Die Fotografen der Bilder im Inhaltsverzeichnis, des Kapitels »Land und Leute laden ein...« und der Produktinformationen nachstehend in alphabetischer Reihenfolge:
Bildagentur J. Dziemballa: N. Hein S. 4/5 (2), 11 (unten), 21 (oben); Janicke S. 8/9; G. Lahr S. 4/5 (2), 10, 12, 13 (oben), 21 (unten), 23, Rückseitenfoto.
Bildagentur Eising: S. 20, 44, 53, 78, 85, 90, 112, 137.
G. Haake (spot media): S. 18 (unten).
H. Hartmann: S. 18 (oben), 19.
Peter Kratt: S. 60.
G. P. Reichelt: S. 14 (2), 15, 49.
Silvestris-Agentur: Bauer S. 13 (unten); Janicek S. 11 (oben), 22; Kozeny S. 64; Lughofer S. 4/5, 16, 17.

Redaktion: Dr. Stephanie von Werz-Kovacz und Birgit Rademacker
Lektorat: Katharina Lisson
Versuchsküche: Barbara Hagmann, Christine Hagmann, Katharina Lisson, Renate Neis, Marianne Obermayr
Illustrationen: Dietrich Ebert
Rezeptfotos: FoodPhotography Eising
Foodstyling: Duan Osbar
Herstellung: Esta Denroche
Gestaltung: Konstantin Kern
Kartografie: Huber
Reproduktion: Fotolito Longo, Bozen und A. Mondadori, Verona
Druck und Bindung: A. Mondadori Editore, Verona

ISBN: 3-7742-1762-9

Auflage 6 5 4 3 2
Jahr 99 98 97 96 95